KB105852

공자의 길(道) 위에 서다

공자의 길(道) 위에 서다

발행일   2016년 9월 26일

지은이   서 재 철
펴낸이   손 형 국
펴낸곳   (주)북랩
편집인   선일영   편집   이종무, 권유선, 안은찬, 김송이
디자인   이현수, 이정아, 김민하, 한수희   제작   박기성, 황동현, 구성우
마케팅   김회란, 박진관, 오선아
출판등록   2004. 12. 1(제2012-000051호)
주소   서울시 금천구 가산디지털 1로 168, 우림라이온스밸리 B동 B113, 114호
홈페이지   www.book.co.kr
전화번호   (02)2026-5777   팩스   (02)2026-5747

ISBN   979-11-5987-223-5 03190 (종이책) 979-11-5987-224-2 05190 (전자책)

이 도서의 국립중앙도서관 출판예정도서목록(CIP)은 서지정보유통지원시스템 홈페이지(http://seoji.
nl.go.kr)와 국가자료공동목록시스템(http://www.nl.go.kr/kolisnet)에서 이용하실 수 있습니다.
(CIP제어번호 : CIP2016023155)

(주)북랩 성공출판의 파트너

북랩 홈페이지와 패밀리 사이트에서 다양한 출판 솔루션을 만나 보세요!
홈페이지 book.co.kr   1인출판 플랫폼 해피소드 happisode.kr
블로그 blog.naver.com/essaybook 원고모집 book@book.co.kr

공자의 길 위에 서다

인문학자가 알려주는
천명(天命)과 중용(中庸)으로
진정한 행복을 찾는 법

서재철 지음

북랩 book Lab

공자의 길(道) 위에 서다

공자는 혼란의 시대에 진정한 나의 길과 행복한 삶의 길을 찾아 천하를 편력(遍歷)하였다. 그가 열었던 길(道)은 긍정의 휴머니즘을 바탕으로 사람이 하늘로부터 부여 받은 아름다운 씨앗을 꽃 피우는 일이었다. 공자가 열었던 길은 하늘로부터 주어진 소명의 길 위에 있었고 인간의 가능성 위에 있었다. 『중용(中庸)』에 언급된 '성(性)'을 따르는 것이 공자의 길이었다.

'성(性)'을 오늘의 언어로 표현한다면 게놈(genome)과 같은 것이라 할 수 있다. 우리의 삶을 결정하는 운명과 가능성이다. 공자가 열었던 첫 번째 길은 '인성(人性)'으로 표현되는 인간의 길이다. 공자는 '인성(人性)'을 잘 꽃 피우는 것이 행복의 길임을 확신하였다. 유가의 기본적인 생각은 인간이 본디 선하다는 성선설(性善說)에 기초한다. 맹자의 표현을 빌리자면 '불인인지심(不忍人之心)'으로 지칭되는 이타심이 있기 때문에 공동체의 삶이 가능하고 사단(四端)으로 표현되는 '인의예지(仁義禮智)'의 길이 가능하다. 인간의 마음의 본체가 이와 같은 품성을 갖고 있다고 보았다.

『대학(大學)』에 명시된 '명덕(明德)'은 인간이 가지고 있는 밝은 마음으로 이를 밝히면 '지선(至善)'에 이를 수 있다. 우리의 마음을 어둡게 하는 것은 집착과 편견 또는 사욕과 같은 것으로 인간 존재의 본질이 아니다. 주자의 주석에 따르면 사리사욕이 우리의 밝은 마음을 가리는 것이다. 행복과 공동선으로 다시 돌아가는 길이 우리가 본디 가지고 있는 밝은 마음의 등불을 밝히는 것이다.

필자가 보는 천명(天命)의 길은 먼저 자신에게 주어진 운명을 수용하고 그 빛깔과 향기를 마음껏 꽃피우는 것이다. 예컨대 나의 부모와 조국은 내가 선택한 것이 아니라 나의 운명이다. 나의 부모에 대한 감사의 마음을 의미하는 효는 부모를 위해 필요한 것이 아니라 나의 행복, 그 자체를 위해 실천해야 하는 길이다. 지구촌 시대이긴 하지만 나의 모국어는 존중되어야 한다. 모국어는 나의 문화적 정체성을 규정하는 첫 번째 언어이기 때문이다. 부모도 조국도 없는 사람은 불행할 수밖에 없다.

공자가 열었던 두 번째 길은 '중용(中庸)'의 길이다. 그의 중용의 길은 우리가 흔히 아는 적당한 가운데를 지향하는 것이 아니다. 공자가 보았던 중용의 길은 어둠과 밝음, 좌와 우, 보이는 것과 보이지 않는 것의 양면을 보고 삶의 중심을 잡아 치열하게 열정적으로 살아가는 삶의 자세를 의미한다. 중용의 자세는 편견을 극복하고 바른 지혜에 도달하는 길이다. 또한 공자가 보여준 중용의 길은 우리가 본디부터 가지고 있던 행복을 선택하는 깨달음이다.

공자가 보았던 행복의 길은 행복을 향해 나아가는 것이 아니라 그 길 위에 행복이 있다. 그래서 그의 표현을 빌리자면 우리는 잠시도 그 길을 떠날 수 없다.

　　이 글을 읽는 독자들이 공자의 길 위에서 그가 발견한 '종심소욕불유구(從心所欲不踰矩)'의 자유와 행복을 활짝 펼쳐 나가시기 바랍니다.

2016년.

서재철 드림

목차

머리말 05

1장_ 배움의 길(道)

학습(學習)의 기쁨, 창조의 길 14

지혜에 이르는 길 19

새로운 삶 23

깨달음, 행복의 길 27

배움의 힘, 깨달음 32

2장_ 인간의 길(道)

실천의 즐거움 38

자유(自由)의 길 42

예(禮)의 바탕 45

따뜻한 마음, 자율적 참여 49

청빈낙도(淸貧樂道) 54

따뜻한 사랑의 공동체 59

지자(知者)와 인자(仁者) 63

실천하는 삶 66

문화(文化), 도(道)의 표현과 실천 70

인간, 역사적 존재 74

바른 몸가짐 78

경건한 자세 82

성격과 운명 86

수신의 길 90

인재(人材)의 선발 95

꼼꼼한 자기 관리 100

평화의 길 105

일 처리의 일관성 109

3장_ 소통의 길(道)

사람의 마음을 보라 114

겸양의 마음(德), 소통의 길 119

말(言)과 믿음(信) 123

공자의 대화법 127

화합(和合)의 길 130

공감(共感)과 소통 134

행동 언어 138

공자의 길 위에 서다

목차

4장_ 지도자(君子)의 길(道)

도덕 정치(德治), 선진 정치 144

지도자의 길, 군자(君子)의 길 149

솔선수범으로 열어가는 정치 154

가치 경영 157

정치 참여 162

행정의 원칙 166

5장_ 『대학(大學)』의 가르침(道)

환한 마음의 등불을 밝히자(明明德) 172

나날이 새로워 져라(日日新 又日新) 176

그리워하게 하라 178

스스로 속이지 말라 181

안목을 갖고 사물의 양면을 보라 184

기본에 충실하라 187

입장 바꿔 생각하고 헤아려라 190

민심을 읽고 소통하라 194

재물(財物)을 가치 있게 운용(運用)하라 197

6장_ 중용(中庸)의 길(道)

천명(天命) 202

중화(中和)와 중용(中庸) 205

삶의 의미 208

순(舜) 임금의 정치와 안회(顏回)의 삶 211

참된 용기 214

중용(中庸)의 길, 외로운 길 217

중용의 깨달음 219

인간관계, 거리의 미학 222

삶의 기본 225

삶의 형이상학 228

효(孝)의 의미 231

인도(人道)와 천리(天理)를 보는 정치 235

마음의 길, 삼덕(三德) 238

진솔한 삶, 성(誠) 241

생태계와 함께 하는 삶 244

섭리를 따르는 삶, 성(誠) 247

중용(中庸)의 처세술 250

군자의 도(道), 순리(順理) 254

공자의 길 위에 서다

1장_ 배움의 길(道)

子曰 學而時習之 不亦說(悅)乎

<論語 學而篇>

공자께서 말씀하셨다. "배우고 때에 맞게 이것을 익히면 또한 기쁘지
아니하랴!"

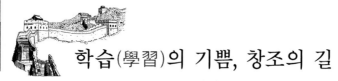

학습(學習)의 기쁨, 창조의 길

학이편(學而篇)

학습의 기쁨은 논어의 첫머리에 나오는 말로서 공자가 가장 강조하는 삶의 길이라 할 수 있다. 원문 그대로 음미하면 다음과 같다.

子曰 學而時習之 不亦說(悅)乎
공자께서 말씀하셨다.
"배우고 이를 틈틈이 익히면 또한 기쁘지 아니하랴!"

학습은 '배운다'는 의미와 '익힌다'는 의미가 결합된 말이다. 배운다는 말이 '안다'는 말과 같다면, 익힌다는 말은 '실천한다'는 말과 같다. 아는 것과 실천이 함께 해야 학습의 기쁨을 맛볼 수 있다. '시습(時習)'은 여러 번 실천한다는 의미도 있지만 때에 맞게 적용하여 실천한다는 의미도 가능하다. 주석에 따르면 여러 번 거듭하여 배운 것을 틈틈이 생활 속에서 실천하여 숙성시키면 마음(中心)이 희열(喜悅)하여 그 나아감을 스스로 멈출 수 없다고 했다. 배운 것을 숙성시킨다는 것은 다른 말로 표현하면 인격화한다는 뜻이다. 정자(程子)는 배운 것을 틈틈이 다시 생각하고 새롭게 해석하여 마음(中)이 충만한 것이 학습의 기쁨이라고 해석했다. 이들이 말하는 학습의 기쁨(悅)은 배운 것을 실천하여 몸에 배게 하는 생활화, 인격화에 그 방점이 있다. 또한, 학습의 기쁨(悅)은 다음 구절에 나오는 '즐거움(樂)'과 구별된다.

有朋 自遠方來 不亦樂乎
벗이 있어 먼 곳에서부터 찾아오면 또한 즐겁지 아니하랴!

여기에서의 '낙(樂)'은 밖에 있는 것, 밖으로부터 얻어지는 것으로 볼 수 있다. 부언하면 기쁨(悅)은 인격의 완성에서 오는 내면의 즐거움이요, 즐거움(樂)은 소통을 통해 얻어지는 함께 나누는 사회적 행복이다. 공자가 말하는 군자의 자부심은 인격의 완성에서 오는 마음의 기쁨에 그 강조점이 있다.

人不知而不慍 不亦君子乎
사람이 알아주지 않더라도 성내지 않으면 또한 군자가 아니랴!

남이 알아주지 않아도 성낼 필요가 없는 군자의 학습은 궁극적으로 그 대상이 남에게 있는 것이 아니라 자신에게 있다. 공자의 도(道)를 관통하는 핵심 단어는 '수신(修身)'이다. 그리고 그 수신의 바른길이

'학습(學習)'이고 학습의 결실은 기쁨(悅)이며 도덕적 자긍심이다. 왜냐하면, 사서에서 가장 강조하는 학습은 '인의예지(仁義禮智)'를 실천하는 것이기 때문이다. '인의(仁義)'의 실천에서 얻어지는 기쁨과 자긍심은 학습자의 건강한 인격이 되고, 인간의 궁극적 행복은 인격으로부터 나오는 것이다.

오늘날 우리는 인성교육을 강조한다. 한 사람의 건강한 인격체를 양성하기 위해 가장 확실한 방법은 새가 하늘을 비상하기 위하여 거듭하여 날갯짓을 익히는 것과 같이 일상생활에서 이웃 사랑을 실천하고, 올바른 행동을 생활화하는 것이다. 그것이 곧 한 사람의 건강한 자기 정체성을 확립하는 길이기도 하다.

子曰 君子 食無求飽 居無求安 敏於事而愼於言 就有道而正焉 可謂好學也
공자께서 말씀하셨다. "군자는 배불리 먹기를 추구하지 않고, 편히 있기를
요구하지 않으며, 일에 민첩하면서도 말은 삼가고 도가 있는 곳에 나아가 바르게
행하면 배움을 좋아하는 사람이라고 할 수 있다."

공자가 생각한 배움을 좋아하는 사람은 세속적인 쾌락에 그 마음의 중심이 있는 것이 아니라 수신(修身)을 통하여 자아를 실현하는 삶을 꿈꾼다. 특히, 말은 삼가고 행동은 민첩하게 하며 도(道) 있는 곳으로 나아가 삶을 바르게 할 것을 힘주어 말하고 있다. 21세기를 살아가는 우리 시대야말로 도덕적 자긍심이 큰 자산이 되는 시대다. 한 인간의 경제적 풍요보다도 소중하게 다루어져야 할 과제가 도덕적 자산이다.

子貢曰 貧而無諂 富而無驕 何如

子曰 可也 未若貧而樂 富而好禮者也

자공이 말했다. "가난하여도 아첨하지 않으며 부자라도 교만하지 않으면
어떠합니까?"

공자께서 말씀하셨다. "그것도 좋으나 가난하되 즐거워하며,
부유하되 예절을 좋아하는 이만은 못하다."

공자는 가난하면서 아첨하지 않고, 부유하면서 교만하지 않은 소극
적인 태도보다는 가난하되 즐거워하며 부유하되 예를 좋아하는 적극
적 태도를 권유하고 있다. 청빈을 당당하게 즐길 줄 알고, 부를 이웃
과 더불어 나눌 줄 아는 사람이 도덕적으로 건강하고 풍요로운 사람
이다. 이어지는 공자와 자공의 대화에서 우리는 공자가 생각하는 학습
방법의 한 단면을 엿볼 수 있다.

子貢曰 詩云 如切如磋 如琢如磨 其斯之謂與

子曰 賜也 始可與言詩已矣 告諸往而知來者

자공이 말했다. "시경에 이르되 끊는 듯이, 가는 듯이, 쪼는 듯이, 닦는 듯이 한다고
한 말이 이를 두고 한 것입니까?"

공자께서 말씀하셨다. "사(賜)야! 비로소 너와 함께 시를 말하겠구나.
지나간 일을 말하니 올 일을 아는구나."

공자는 자공에게 답을 말한 것이 아니라 자공이 그가 배운 것을 토대
로 하여 깨닫도록 하였음을 행간을 통해 파악할 수 있다. 최근 교육

에서 강조하고 있는 창의력이란 자신이 배운 것을 토대로 새로운 구조의 깨달음에 이르게 하는 것이다. 따라서 배우기만 하면 어둡고 생각만 하는 것도 위험하다(學而不思則罔, 思而不學則殆). 공자는 기초를 튼튼히 하고 이를 토대로 한 사유와 깨달음이 중요함을 강조했다. 우선 과거와 현실을 알아야 하고 이를 토대로 사유와 깨달음에 이르러야 한다. 아울러 공자와 자공의 대화, 제자와 제자의 대화와 토론이 학습의 중요한 방법이 되고 있다.

공자가 말한 학습의 기쁨은 두 가지로 요약될 수 있다. 하나는 학습의 과정에서 오는 사유와 깨달음, 그리고 대화가 하나의 기쁨이요. 다른 하나는 배운 것을 실천하는 데서 오는 도덕적 자긍심과 성숙의 기쁨이다. 학습의 기쁨이야말로 학습을 삶의 한 과정으로 지속하게 하는 원천이 되는 것이다.

지혜에 이르는 길

공야장(公冶長)

공자는 앎에 이르는 길이 신비주의나 잘못된 믿음에 있지 않고 합리적인 생각과 배움을 통해 이루어진다고 보았다.

子曰 臧文仲 居蔡 山節藻梲 何如其知也
공자께서 말씀하셨다. "장문중이 큰 거북을 숨기고 기둥 끝에 산을 새겨 놓았으며
대들보에 수초를 그렸으니 어찌 그가 지혜롭다 하겠느냐?"

공자는 노나라의 대부 장문중(臧文仲)이 당시에 지혜롭다고 불렸으나, 그가 민의(民義)에 힘쓰지 않고 위와 같이 귀신에 아첨하고 도움을 청하는 신비주의에 빠져 있음을 비판했다. 정자(程子)는 박학(博學), 심문(審問), 신사(慎思), 명변(明辯), 독행(篤行)의 다섯 가지 배움의 길을 강조하면서 그 한 가지라도 부족하면 참된 배움이 아니라고 보았다. 『중용(中庸)』에 나오는 다섯 가지 배움의 길은 수신의 방법이면서 지혜

에 이르는 길이다.

제대로 된 물음은 널리 살펴보고 배운 뒤에 가능하고, 분명한 판단은 신중히 생각한 후에 결정해야 한다. 배우기만 하고 생각하지 않으면 얻는 것이 없고 생각만 하고 배우지 않으면 위태롭다(學而不思則罔, 思而不學則殆). 그리고 결정된 일은 거듭 실천해야 나의 습관이 되고 인품이 된다. 배움의 자세와 관련하여 공야장에 언급된 담론들을 살펴본다.

子貢問曰 孔文子何以謂之文也

子曰 敏而好學 不恥下問 是以謂之文也

자공이 물었다. "공문자(위나라 대부)는 왜 문(文)이라 부릅니까?"

공자가 대답했다. "민첩하고 배움을 좋아해서 아래 사람에게 묻는 것도 부끄럽게 여기지 않으므로 문(文)이라 이른다."

아래 사람에게도 서슴지 않고 묻는 태도를 공자는 높게 평가하고 있다. 지금까지의 우리의 교육 현실은 물음표 교육이 아닌 마침표 교육이 주종을 이루고 있다. 일방적인 전달 위주의 주입식 교육과 사지선다형의 평가는 창의적 사고 능력을 키울 수 없다. 우리의 교육이 발전하려면 물음표 교육으로 발전해야 한다. 묻고 답하는 대화의 교육은 예나 지금이나 우리의 비판적 사고력과 창의적 사고력을 키우는 근간이 된다. 서양의 철학자 소크라테스는 그의 대화법을 심지어 산파술이라고 말함으로써 창의적 사고를 촉발하는 방법이라 보았다.

季文子 三思而後行 子聞之曰 再斯可矣

계문자(노나라 대부)가 세 번 생각한 후에 행하였다. 공자가 이에 대해 들으시고 두 번 생각하면 좋다고 말씀하셨다.

노나라의 대부 계문자는 신중하여 세 번 생각해 본 뒤 행하였다. 공자가 이에 대해 듣고 두 번이면 된다고 말한 것은 사람에 따라 다르지만 너무 신중하여 때를 놓치는 것을 경계하였다. 주석에 따르면 두 번 생각하면 스스로 판단에 깊이를 더한 것이나 세 번 생각하면 사심이 발동하여 오히려 유혹에 빠질 수 있다고 보았다. 판단에 앞서 깊이 생각하여야 하나 지나칠 경우, 추진력을 잃을 수 있음을 경계하여 말한 것이다.

공자는 배움이 기본적으로 그 사회의 문화나 인간관계에 그 뿌리를 두고 있다고 보았다.

子謂子賤 君子哉 若人 魯無君子者 斯焉取斯

공자께서 자천(공자의 제자)을 평하였다.

"군자로다. 만약 사람됨이 노나라에 군자가 없다면 이 사람이 어떻게 이와 같은 덕을 갖출 수 있겠는가?"

공자는 제자 자천의 인품을 높이 평가하면서 그의 덕이 노나라에 그가 본받을 만한 군자가 있기 때문에 가능한 것으로 보았다. 자천의 인품은 그 사회의 군자들과 교류하면서 자신을 갈고 닦은 결과이다. 한 인간의 인격은 그 사회와 역사의 소산이다. 따라서 그 사회의 문화적 자산과 현자들은 사회 구성원의 교육과 자질을 결정하는 중요한 배경이 된다.

특히 인간은 인간관계를 통하여 많은 것을 배운다. 정자는 인간관계가 오래 되면 상대방을 존중하는 마음이 바래 진다고 보았다. 오래 되어도 변함없이 상대방을 존중하는 태도는 유가적 인간관계의 기본이다.

子曰 晏平仲 善與人交 久而敬之
공자께서 말씀하셨다.
"안평중(제나라 대부)은 남과 더불어 사귀는 것을 잘하였다. 오래 되어도 상대방을 공경하였다."

새로운 삶

술이편(述而篇)

유학에서는 생활의 창조가 하늘에서 뚝 떨어지는 것이 아니라 기초·기본이 잘 갖추어져야 가능하다고 본다. 그 기초가 되는 것이 경험이고, 보고 듣는 것이다.

子曰述而不作 信而好古 竊比於我老彭

<論語 述而篇>

공자께서 말씀하셨다. "전술하였을 뿐 꾸미지 않았으며, 믿고 옛것을 좋아함을 개인적으로 우리 노팽(商의 현명한 대부)에게 비유하노라."

공자의 새로운 삶은 옛것을 바르게 전하고 기술하는데서 시작 된다. 우리는 과거의 기록과 경험을 바르게 관찰하고 기술하는 것이 새로운 창조의 토대가 됨을 분명히 인식해야 한다. 미래에 대한 예측은 과거에 대한 분명한 인식과 분석을 토대로 할 때 그 신빙성이 높아진다.

유가의 '지신(知新)'은 '온고(溫故)'를 기본 토대로 하는 것이고 오늘날의 표현을 빌리면 철저한 과학적 태도를 견지한다. 따라서 "공자는 괴변과 폭력과 난동과 귀신에 대해서 말하지 않으셨다(子不語怪力亂神 <述而篇>)." 두 번째로 공자는 새로운 삶을 열어 나가기 위해 자기반성과 실천을 강조하였다. 부언하면 현재의 자신에 대한 반성과 도전이 새로운 삶을 열어가는 힘(energia)이 될 뿐만 아니라 자산이 된다.

子曰 德之不修 學之不講 聞義不能徙 不善不能改 是吾憂也
공자께서 말씀하셨다. "덕을 닦지 않고 배운 것을 강론하지 않으며, 의를 듣고도 능히 옮기지 못하고, 착하지 않은 것을 고치지 못하는 것이 나의 근심이다."

공자가 말한 자기반성과 도전의 삶은 반성의 척도와 삶의 지표가 분명해야 한다. 공자의 삶을 지배하는 가치의 척도는 '도덕적으로 건강한 인격'을 지향한다.

子曰 志於道 據於德 依於仁 游於藝
공자께서 말씀하셨다. "도에 뜻을 두고, 덕을 마음에 담으며, 인을 지키고 예에서 노닐지니라."

주석에 따르면, '도(道)'는 마음이 가야 할 바이고 마땅히 해야 할 일이라면, '덕(德)'은 도를 행함으로써 얻어지는 마음을 의미하고, '인(仁)'은 사욕이 없는 온전한 마음을 뜻하며, '예(藝)'는 '예악(禮樂)'과 '사어서수

(射御書數)'를 즐기는 것을 의미한다. 궁극적으로 보면 공자가 지표로 삼았던 '도(道)'는 중용에 명시된 '천명(天命)'을 가리킨다. 따라서 공자가 지향했던 가치의 궁극적 척도는 하늘의 명령과 일치하는 진리와 진실을 뜻한다. 달리 말하면 하늘을 우러러 부끄럼이 없고, 마음에 비춰 볼 때 정정당당한 것을 말한다.

子曰 飯疏食飮水 曲肱而枕之 樂亦在其中矣 不義而富且貴 於我 如浮雲
공자께서 말씀하셨다. "거친 밥을 먹고 물을 마시고 팔을 굽혀 베개로 벨지라도 즐거움이 그 가운데 있나니, 의롭지 못한 부귀는 나에게 뜬구름과 같으니라."

유가에서 본 새로운 삶이란 변화를 의미한다기보다는 일관된 삶, 행복한 삶을 살기 위해 '일신우일신(日新又日新)'하는 것을 의미한다. 날마다 새롭게 하는 것은 변화 그 자체에 목적이 있기 보다는 내면의 충실한 삶을 위하여 변화를 필요로 하는 것이다. 이는 달리 말하면 성장을 위해 자신에게 맞지 않는 허물을 버리고 맞는 옷으로 다시 갈아입는 것과 같은 것이다.

子曰 不憤不啓 不悱不發 擧一隅 不以三隅反則不復也
<論語 述而篇>
공자께서 말씀하셨다. "알려고 분발하지 않으면 깨우칠 수 없고, 표현하려고 애쓰지 않으면 말이 떠오르지 않으며, 한 귀를 들어 세 귀가 서로 상응하지 않으면 다시 거듭하여 가르치지 않았다."

위 공자의 말씀은 스티브 잡스의 "Stay hungry"와 같이 지적인 목마름을 대변한다고 할 수 있다. 하고자 하는 갈망과 동기가 없다면 우리는 깨달음과 변화에 이를 수 없다. 목마른 자가 물을 찾듯 우리는 더 넓은 자유를 구가하기 위해 더 높이 날아야 한다. 결국 끊임없이 자기를 새롭게 하는 것은 더 높고 깊은 인격을 완성하기 위한 도전이며 진정한 행복에 이르기 위한 노력이다.

葉公 問孔子於子路 子路 不對, 子曰 女奚 不曰 其爲人也 發憤忘食 樂以忘憂
不知老之將至云爾

<論語 述而篇>

섭공이 공자에 대하여 자로에게 물으매 자로가 대답하지 아니하니
공자께서 말씀하셨다. "네 어찌 '그의 사람됨이 학문에 분발하면 먹는 것도
잊고, 도를 즐기며 근심을 잊어, 늙음이 장차 이를 줄을 알지 못 한다'고 말하지
아니하였느냐?"

공자가 말한 낙도(樂道)는 과정으로서 도를 깨닫는 기쁨과 도를 실천하는 데서 오는 '덕(德)'이 바탕이 된 인격이 가져다주는 내면의 기쁨을 가리킨다. 덕은 사회적으로 외롭지 않으며 마음에 진정한 행복을 가져다준다.

공자가 본 삶의 창조는 과정으로서의 깨달음과 실천을 통해 새로운 인격을 끊임없이 창조하는 것을 의미한다. 따라서 유가의 '일신우일신(日新又日新)'은 매일 매일 나 자신을 새롭게 창조하는 것이며, 그것은 나의 인격을 새롭게 창조하는 것이고, 그것은 곧 삶의 기쁨이요 행복이다.

깨달음, 행복의 길

선진편(先進篇)

공자가 교육에 있어 가장 중요시한 것은 '깨달음'이다. 그는 주지하다시피 "아침에 도를 들어 깨달으면 저녁에 죽어도 좋다(子曰 朝聞道 夕死可矣<里仁篇>)"고 말했다. 그의 논리에 따르면 도를 깨우쳐 실천하면 우리의 삶과 죽음이 해방을 얻을 수 있다. 그렇다면 공자가 말한 선진편(先進篇)의 다음 구절은 무엇을 의미하는가?

季路 問事鬼神 子曰 未能事人 焉能事鬼 敢問死 曰 未知生 焉知死
계로가 귀신 섬기는 것을 물으니,
공자께서 말씀하셨다. "능히 사람을 잘 섬기지 못하면 어찌 능히 귀신을
섬기겠는가?"
"감히 죽음에 대하여 묻습니다."
"삶을 알지 못하면 어찌 죽음을 알겠느냐?"

공자와 계로의 대화 속에 나타난 공자의 뜻은 생(生)과 사(死)가 분리되는 것이 아니라 삶에 대해 아는 것이 죽음에 대해 아는 길이며, 살아 있는 사람을 섬기는 도가 죽은 자를 섬기는 도와 상통한다는 생각이다.

공자가 지적인 깨달음을 중시한 것은 '선인(善人)의 도(道)'에 관한 그의 주장에서도 엿볼 수 있다.

子張問善人之道 子曰 不踐迹 亦不入於室
자장이 착한 사람의 도를 물으니, 공자께서 말씀하셨다.
"성품이 착한 이는 성인의 자취를 밟아 나가지 아니하여도 악하지는 않지마는
성인의 경지에 들어가지는 못할 것이다."

주석에 따르면 여기에서 '선인(善人)'은 바탕은 착하나 배우지 않은 사람을 의미한다. 선인은 악의 길을 밟지는 않지만 성인의 경지에는 들어 설 수 없다고 보았다. 그렇다면 공자가 말한 배움은 무엇을 의미하는가? 공자가 말한 배움의 특성은 합리적인 깨달음이다. 이 합리적인 깨달음은 하늘의 이치를 따르는 태도와 실천(實踐)을 의미한다. 유가의 깨달음은 종교적인 깨달음과는 의미가 다른 '수신(修身)'을 바탕으로 한다. 수신은 발로 깨닫는 것에 가깝다. 실천과 고행을 통해 얻어지는 깨달음이다. 물론 가슴으로 느끼고 머리로 생각하여 스스로 '도(道)'를 발견하는 깨달음이다. 따라서 유학의 깨달음은 실천과 사색, 사색과 실천이 함께 하는 발견의 기쁨이다. 공자는 저절로 이루어진 선은 부족하고 튼튼하지 못해 성인의 경지에 이르렀다고 보기에

는 미흡하다고 보았다. 지적인 깨달음과 실천에 의해 몸에 익히고 제도화 되어야 건실한 선에 이른다고 보았다.

공자는 제자들이 이와 같은 깨달음에 이르도록 그 사람의 수준과 색깔에 맞게 지도하였다.

子路 問聞斯行諸 子曰 有父兄在 如之何其聞斯行之 冉有 問聞斯行諸 子曰
聞斯行諸 公西華曰 由也 問聞斯行諸 子曰 父兄在 求也 問聞斯行諸 子曰
聞斯行諸 赤也 惑敢問 子曰 求也 退故進之 由也兼人故退之

자로가 물었다. "옳은 말을 들으면 바로 행하리까?"

공자께서 답하셨다. "부형이 계신 데 어찌 듣고 바로 행하겠느냐?"

염유가 물었다. "말을 들으면 바로 행하리까?"

공자께서 말씀하셨다. "듣는 대로 행할 것이다."

공서화가 이를 듣고 말했다. "유가 묻기를 '이를 행하리까?' 하니 선생님께서
말씀하시기를 부형이 있다 하시고, 구가 묻기를 '듣고 바로 행하리까?' 하니
선생님께서 말씀하시기를 듣고 바로 행하라 하시니, 저는 의심스러워 감히
묻습니다."

공자께서 말씀하셨다. "구는 소극적이고 보수적인 까닭에 적극적으로 나가라고
했고, 유는 적극적이고 과감하므로 물러나도록 한 것이다."

교육에 있어 최고의 교수법은 학생의 수준에 맞추어 지도하는 것이다. 공자는 제자의 성품과 수준에 맞는 교수법을 통해 학생들이 깨달음에 이르는 길을 제시했다.

유가에 있어 깨달음의 대상인 '도(道)'는 객관적인 시각에서 보면 보편적인 진리인 천리(天理)를 의미하지만 주관적인 시각에서 보면 천명(天命

)을 내면화한 진정한 자기 목소리를 의미한다. 이 목소리는 소크라테스의 '다이모니온(daimonion)'과 우리들이 일상생활에서 사용하는 '양심의 소리'에 가까운 개념이다. 따라서 공자는 제자들이 자신의 진정한 목소리를 들을 수 있도록 개성(個性)에 맞추어 교육함으로써 스스로 깨달음에 이르도록 도왔다.

논어 선진편(先進篇) 25장에 공자와 여러 제자가 그 꿈을 이야기할 때, 자로(子路)는 천승의 나라를 잘 다스려 보겠다는 포부를 말하고, 염구(冉求)는 작은 나라의 경제를 풍족하게 할 수 있다고 하고, 공서화(公西華)는 배워서 종묘의 일을 돕겠다고 말한다. 이때 증석(曾晳)은 다른 시각에서 자신의 포부를 말한다.

點爾何如 鼓瑟希 鏗爾舍瑟而作 對曰 異乎三子者之撰 子曰何傷乎
亦各言其志也 曰 暮春者 春服旣成 冠者五六人 童子六七人 浴乎沂
風乎舞雩 詠而歸 夫子 喟然歎曰 吾與點也

"점아, 너는 어떻게 하겠느냐?"하니, 비파 타기를 잠깐 중단하고, 쨍그랑 소리를 내고 내려놓으며 일어서서 대답하였다.

"저는 세 사람의 의견과 다릅니다."

공자께서 말씀하셨다. "무엇을 주저하랴! 각자 그 뜻을 말한 것이다."

점이 말했다. "늦은 봄이 다 되었거든 갓을 쓴 대여섯의 벗과 아이들 여섯 일곱 사람과 같이 기수에 목욕하고, 기우제 지내는 곳에서 바람을 쐬고, 시를 읊고 돌아오겠습니다."

공자께서 깊이 찬탄하며 말씀하셨다. "나는 너와 함께 하겠노라."

위의 대화에서 나타난 공자의 강조점은 진술한 마음의 소리에 귀 기울일 줄 알고 그 내면의 소리에 충실한 삶이 진정한 행복을 가져온 다는 것이다. 물론 자로(子路)와 염유(冉有)가 말한 나라 경영의 일도 중요하다. 그러나 나라 경영의 일이 욕심이 앞서 진정한 자신의 몫을 벗어나는 것을 우리는 경계해야 한다. 따라서 공자는 자로에 대해 다음과 같은 충고를 아끼지 않았다.

曰 爲國以禮 其言 不讓 是故哂之

공자께서 말씀하셨다. "나라의 정치는 예로써 하는데 그 말에 겸손함이 없으니 그 때문에 웃었다."

배움의 힘, 깨달음

양화편(陽貨篇)

"우리는 왜 배워야 하는가?"에 대한 물음에 대해 공자는 그 누구보다도 배움을 중시하였으므로 그의 말에 귀 기울여 본다. 그의 비유에 따르면 배우지 않으면 담에다 얼굴을 대고 서 있는 것과 같다고 했다. 주석에 따르면 담이 가로막혀 있어 볼 수가 없으므로 한 발짝도 나아갈 수 없는 상태를 의미한다. 이는 배우지 않으면 앞을 보지 못하는 소경과 같은 처지임을 말하고 있다.

子謂伯魚曰 女爲周南召南矣乎 人而不爲周南召南 其猶正牆面而立也與
공자께서 백어에게 일러 말씀하셨다. "너는 주남과 소남을 배웠느냐? 사람이
주남과 소남을 읽지 아니하면 그것은 바로 담에다 얼굴을 대고 서 있는 것과 같다."

우리는 흔히 배운 만큼 보인다고 말한다. 이때의 '보이다'는 말은 물론 마음의 눈(心眼)으로 보아야 보인다는 것을 의미한다. 따라서 배움이

단순히 안다는 것을 의미하는 것이 아니라 마음에 깨달음이 있어야 한다는 것을 뜻한다. 배움의 궁극적 의미는 마음의 깨달음을 통하여 마음의 눈을 틔워 주는 것이라고 할 수 있다.

깨달음은 마음을 변화시키고 인간을 변화시킨다. 공자는 그의 제자 자로(子路)와의 대화에서 이른바 '육언육폐(六言六蔽)'에 대해 말한다.

子曰 由也 女聞六言六蔽乎 對曰 未也 居 吾語女
공자께서 말씀하셨다. "유야, 네가 여섯 가지 말과 여섯 가지 폐단을 들었느냐?"
자로가 대답하며 말했다. "아직 듣지 못하였습니다."
"앉아라. 내가 너에게 말하겠다."

•

好仁不好學 其蔽也愚, 好知不好學 其蔽也蕩, 好信不好學 其蔽也賊,
好直不好學 其蔽也絞, 好勇不好學 其蔽也亂, 好剛不好學 其蔽也狂
인을 좋아하고 배우기를 좋아하지 아니하면 그 폐단은 어리석은 것이고,
아는 것을 좋아하고 배우지 않으면 그 폐단은 방탕하고,
믿음을 좋아하고 배우기를 좋아하지 않으면 그 폐단은 남에게 손해를 끼치고,
곧은 것을 좋아하되 배우기를 좋아하지 않으면 그 폐단은 급박한 것이고, 용맹을
좋아하고 배우기를 좋아하지 않으면 그 폐단은 난폭한 것이고, 굳세기를 좋아하고
배우기를 좋아하지 않으면 그 폐단은 경솔한 것이다.

공자의 논리에 따르면 여섯 가지 아름다운 덕, 즉 육언(六言)이 배움을 통해 담금질 되지 않으면 여섯 가지 폐단, 즉 육폐(六蔽)가 된다. 주석에 따르면 배움은 하늘의 이치를 깨닫는 것, 진리를 밝히는 행위로 해석할 수 있다. 따라서 배움의 참된 의미는 깨달음에 있고, 그 깨달음

은 천하의 근본인 '중(中)'에 이르는 길이기도 하다(中也者天下之大本也 <中庸>). 부언하면 배움은 지나침의 폐단을 극복하는 균형 감각을 키우는 일이기도 하다.

공자에 따르면 배움은 한 인간의 자유와 행복, 가정과 국가의 사회 질서 및 학문 자체의 발전을 위해서도 필요한 것이고, 진정한 깨달음 은 진리를 밝히고 인간의 가치를 심화시킨다.

子曰 小子 何莫學夫詩 詩 可以興 可以觀 可以群 可以怨 邇之事父
遠之事君 多識於鳥獸草木之名
공자께서 말씀하셨다., "제자들아 어찌하여 시를 배우지 아니하는가? 시는
감흥나게 하며, 사물을 살필 수 있게 하며, 무리와 사귈 수 있게 하고, 원망할 수
있게 하며, 가까이는 어버이를 섬기며, 멀리는 임금을 섬기고, 또한 새와 짐승과
초목의 이름도 많이 기억하게 하느니라."

공자의 말씀에 따르면 배움과 깨달음은 처음과 끝이고, 인간의 모든 가능성을 결정짓는 핵심 요소이다. 실제로 한 개인이나 국가의 운명 은 선천적인 요소를 배제한다면 그 모든 것은 학습에 의해서 결정된 다. 우리의 운명을 결정짓는 언어와 행동이 상당 부문 교육으로 학습 된 것이다. 그 형태는 가정교육일 수도 있고 사회 교육일 수도 있다.

공자가 본 배움의 대상은 '문(文)'으로 표현되는 문화만을 의미하는 것이 아니다. 문화의 상당 부분이 '언어'로 표현되기는 하지만 언어로 표현되지 않는 대상에 대한 성찰 또한 중요시하였다.

子曰 予欲無言 子貢 曰 子如不言 則小子何述焉

공자께서 말씀하셨다. "나는 말이 없고자 하노라." 자공이 말하기를 "선생님께서
만일 말씀하지 않으시면 저희들이 어떻게 해득하겠습니까?"

子曰 天何言哉 四時行焉 百物生焉 天何言哉

공자께서 말씀하셨다. "하늘이 무슨 말을 하느냐? 사철이 바뀌고 만물이
생성되나니, 하늘이 무슨 말을 하더냐?"

공자는 언어라는 매체 이외에도 우리의 성찰이 하늘의 이치(天理)
를 보고 들을 수 있는 중요한 깨달음의 통로라고 보았다. 언어와 성찰
을 통해 깨달음에 이르러야 인식의 새로운 지평이 열리고, 삶의 진정
한 행복을 맛볼 수 있으며, 인간관계를 평화와 행복으로 심화시킬 수
있다. 공자에게 있어 배움은 진정한 깨달음과 행복으로 나아가는
길이었다.

2장_ 인간의 길(道)

子曰 參乎 吾道 一以貫之 曾子曰 唯 子出 門人 問曰 何謂也 曾子曰
夫子之道 忠恕而已矣

<論語 里仁篇>

공자께서 말씀하셨다. "삼(參, 증자의 이름)아, 나의 도(道)는 하나로 이를 꿸 수
있느니라." 증자가 즉시 "예"라고 대답했다. 공자가 나가자 제자들이 물었다.
"무엇을 이르신 것입니까?" 증자가 대답했다. "선생님의 도는 충서(忠恕)
일 뿐이다."

실천의 즐거움

학이편(學而篇)

논어의 학이편을 통해서 살펴볼 수 있는 것은 오늘날 우리가 이야기하고 있는 학습의 의미만으로는 학습의 기쁨을 온전히 설명할 수 없다. 그가 말한 학습(學習)은 두 어휘의 결합이다. 따라서 '학이시습(學而時習)'이다. '시습(時習)'은 '학(學)'과 병치되고 있다. 따라서 '학(學)'과 '시습(時習)' 또는 '시습(時習)'과 '학(學)'은 함께 하면서 서로를 보완해야 한다. 그렇다면 공자가 지향했던 '학(學)'과 '시습(時習)'의 대상이 되는 인간상은 무엇인가? 그것은 논어의 숲에서 볼 때 '군자(君子)'이다.

공자가 이상적인 인간상으로 제시한 '군자(君子)'는 사람의 냄새가 물씬 풍기는 '사람다운 사람'이다. 자율적으로 생각하고 행동하지만 이웃과 더불어 손을 잡고 나아갈 줄 아는 리더십을 지닌 사람이다. 공자가 방점을 둔 것은 인간관계를 통해 얻은 깨달음을 실천하는 데서 오는 성취와 성장의 기쁨이다. 왜냐하면 인간의 궁극적인 행복은 그 사람의 인격으로부터 비롯되기 때문이다. 또한 인격의 성장은 인간관계 속에서 그 길(道)을 찾아 실천해야 한다.

君子務本 本立而道生 孝弟也者 其爲仁之本與

군자는 근본에 힘쓰나니 근본이 서야 도가 생긴다.

효도와 우애는 인(仁)을 이루는 근본이다.

유자(有子)의 말을 빌리면 부모에 대한 감사의 마음과 형제간의 우애가 인(仁, 사람다운 따뜻함과 사랑)의 뿌리가 된다는 말이다. '인(仁)'은 맹자의 설명에 따르면 이른바 '측은지심(惻隱之心)'으로 표현되는 '인성(人性)'이다. '성(性)'이 생득적인 인간의 본성 또는 천명(天命)이라면 그것은 운명이자 가능성이다. 학이편에 언급된 효제(孝弟)는 인간다운 따뜻함을 배우고 실천하는 뿌리가 가정이라는 것이다.

부모에 대한 효는 부모에 대한 따뜻한 사랑을 의미한다. 그러나 엄밀히 말하면 부모에 대한 사랑은 부모에 대한 감사의 마음으로 보는 것이 합당하다. 우리 속담에 아래 사랑은 있어도 위로 사랑은 없다는 말이 있다. 이 말은 부모의 자식에 대한 사랑이 엄밀히 말하면 큰 사랑이고 자식의 부모에 대한 사랑은 이 큰 사랑에 대한 감사의 마음이고, 이 감사의 마음을 표현하는 것이 효(孝)라 할 수 있다.

공자가 논어 학이편에 언급한 인간의 길은 진솔한 마음과 실천을 강조한다.

子曰 巧言令色 鮮矣仁

공자께서 말씀하셨다.

"말을 교묘히 하며 얼굴빛을 꾸미기를 좋아하는 자는 어진 이가 드물다."

공자의 이 말씀은 진술한 마음과 태도가 인간의 길에 근본이 됨을 말하고 있다. 주석에 따르면 밖으로 꾸미기를 좋아하는 사람은 욕심(人欲)이 방자해져서 본심을 잃게 된다고 설명한다. 이는 인간의 따뜻한 마음, 본심이 진술한 마음과 태도에서 나오는 것임을 말하고 있다. 외식(外飾)하는 사람은 자신을 솔직히 정직하게 표현하는 것을 꺼린다. 특히, 외식이 자기 자신이나 남을 즐겁게 하는 것이라 생각하고 이에 힘쓰는 태도를 경계하고 있다.

한편, 공자는 글을 배우는 것보다도 사람됨의 근본인 따뜻한 마음을 생활 속에서 실천하는 것이 우선되어야 한다고 보았다.

子曰 弟子入則孝 出則弟 謹而信 汎愛衆而親仁 行有餘力 則以學文
공자께서 말씀하셨다. "젊은이는 들어오면 효도하고 나아가면 공손하며 항상 말을
실천하고 어진 사람을 가까이해야 한다.
이를 실천하고도 남은 힘이 있으면 글을 배워라."

공자는 아는 것보다 실천을 강조하였다. 앎이 지식으로 끝나면 우리의 인격으로 발전하고 성장하지 못하기 때문이다. 앎이 앎으로서 끝나는 것이 아니라 우리의 삶이 될 때 앎은 진정한 의미의 인격으로 승화된다고 보았다. 앎이 우리의 피가 되고 살이 되려면 앎이 실천을 통해 인격화 되어야 한다. 주석에 따르면 믿음(信)은 말이 열매(實, 실천)를 맺는 것을 의미한다. 인간관계에서 믿음은 매우 중요하다. 그 믿음과 신뢰는 말의 실천으로부터 온다. 나와의 약속을 실천하면 나 자신에 대한 신뢰가 형성되고 남과의 약속을 실천하면 인간관계의 믿음이

형성된다.

학이편에 언급된 제자들의 수신의 길은 공자가 말한 진솔한 마음과 그 실천을 구체화하여 제시하고 있다.

曾子曰 吾日三省吾身 爲人謀而不忠乎 與朋友交而不信乎 傳不習乎
증자가 말하였다. "나는 날마다 세 가지로 나 자신을 반성한다. 남을 위하여
꾀하면서 진실하지 않았는가? 친구와 사귀면서 약속을 지키지 못했는가?
스승에게서 가르침을 받고 실천하지 못했는가?"

증자는 '사람됨'이 인간관계에서 오는 것으로 보고 남을 위하여 일을 할 때에 진심으로 하였는지를 살펴보았고, 친구를 사귐에는 말과 실천이 함께 하여 믿음을 얻었는가를 살펴보았다. 그리고 스승에게서 배운 것을 실천하여 몸에 익혔는가를 살펴보았다. 이 세 가지 인간관계의 규준은 우리 사회가 도타운 믿음으로 따뜻한 공동체를 형성하는 길이기도 하다.

자유(自由)의 길

위정편(爲政篇)

논어 위정편에 공자는 자신의 삶을 이야기하면서 삶의 완숙한 경지를 '종심소욕불유구(從心所欲不踰矩)'라고 표현했다. 글자 그대로 풀어쓰면 마음을 따라 하고자 하는 바를 하여도 법도를 넘지 않는 경지이다. 이 경지는 달리 말하면 성숙한 자유의 경지이다. 달리 말하면 마음에 하고자 하는 바대로 하여도 법도에 지나침이 없는 중용의 경지이다. 또 달리 말하면 나의 마음이 사회의 법도 및 우주의 이치와 함께한다고 볼 수 있다.

공자가 나이 칠십에 도달한 이 경지는 주희의 주석에 따르면 공자가 '참된 마음(本心)'으로 나아가는 순서가 다음과 같음을 보여준다.

먼저 공자는 십오 세에 학(學)에 뜻을 두었다. 이른바 '입지(立志)'로 표현되는 초심의 의지는 율곡 이이도 학문하는 자가 우선해야 할 자세임을 『학교모범(學校模範)』과 『격몽요결(擊蒙要訣)』을 통해 언급한 바 있다. 비단 학문만이 아니라 어떤 일을 하든지 우리는 의지를 가지고 일을 추진해야 한다. 의지는 달리 말하면 일의 추진 동력이 된다.

뜻을 두되 간절해야 하고 정성을 다해야 한다. 『대학(大學)』의 표현을 빌리면 '의성(意誠)'의 태도를 의미한다.

공자가 삼십에 섰다는 말은 배움의 길에서 스스로 배울 수 있는 경지에 이르렀음을 뜻한다. 오늘날의 언어로 말한다면 자기 스스로 학습이 가능하게 되었음을 의미한다. 선생님이나 다른 사람의 도움 없이도 자신의 길을 갈 수 있음을 의미한다. 달리 말하면 스스로 길을 열어 갈 수 있게 되었음을 의미한다.

사십에 '불혹(不惑)'이란 말은 의심스러운 부분, 위태로운 부분이 없게 되었다는 것을 의미한다. 달리 말하면 사물의 당연한 이치를 알게 되어 의심하지 않게 되었음을 뜻한다.

오십에 '지천명(知天命)'이라 함은 오십에 '본마음(天命)'을 알게 되었음을 의미한다. 천명(天命)은 우주의 이치를 의미하기도 하지만 나의 타고난 밝은 마음을 뜻하기도 한다. 맹자의 표현을 빌리면 우리의 타고난 성품은 선(善)하다. 우리의 타고난 본마음으로 돌아가면 행복은 그 길 위에 있다. 우리가 어떤 마음의 상태에 있느냐에 따라 행복이 결정된다. 우리의 행복은 천명을 알고 그 길 위에 서는 데서 시작된다.

육십에 '이순(耳順)'이란 말은 들은 바를 마음으로 소통함에 거슬리는 바가 없는 것을 의미한다. 내가 들은 것을 객관적으로 바라보고 해석할 수 있는 경지를 말한다. 내 생각으로 남의 말을 판단하는 것이 아니라 대상을 알맞은 거리에서 제대로 바라볼 수 있는 눈을 가졌음을 의미한다.

공자의 삶의 이야기는 우리의 인생 이야기에 하나의 귀감이 된다. 뜻을 세우고 노력하여 혼자의 힘으로 서고 의심나는 바를 밝혀 진실을 알고 객관적으로 사물을 바라봄으로써 소통하게 되면 진정한 마음의 자유를 얻게 된다. 나의 생각과 행동이 이치에 맞고 천명과 부합되는 경지이다.

공자의 인생 이야기를 통해 얻을 수 있는 두 가지 메시지가 있다. 하나는 자유의 길로 진정한 깨달음을 통해 그 길 위에 서게 된다는 것이다. 공자의 인생 전체가 배움의 길이고 깨달음의 길이다.

다른 하나는 우리의 밝은 마음의 등불을 밝히고 이웃을 있는 그대로 받아들일 수 있을 때 제대로 된 소통이 가능하고 행복의 문을 활짝 열 수 있다는 점이다. 천명은 우리가 거부하거나 벗어 날 수 있는 길이 아니라 우리가 그 길 위에 서야 하고 받아들여야 하며 실현해야 하는 길이다.

子曰吾十有五而志于學
공자께서 말씀하셨다. "나는 열다섯에 배움에 뜻을 두었고,

三十而立
삼십에 섰고,

四十而不惑
사십에 의혹하지 않았으며,

五十而知天命
오십에는 천명을 알고,

六十而耳順
육십에는 화순하여 남의 말을 객관적으로 받아들였고,

七十而從心所欲不踰矩
칠십에는 마음이 하고자 하는 바를 쫓아도 법도를 넘지 않았다."

예(禮)의 바탕

팔일편(八佾篇)

예(禮)의 문제에 접근하면서 우리 현대인이 갖는 유학에 대한 편견의 하나가 내용보다는 형식에 치우쳤다는 오해다. 예는 형식도 중요하고 내용도 중요하다. 그러나 유가에서 보는 예(禮)는 형식과 내용의 문제가 아니라, 예(禮)로 표현되는 표층구조와 예(禮)를 가능하게 하는 심층구조에 깊은 관심을 두고 있다.

林放 問禮之本 子曰 大哉 問 禮 與其奢也 寧儉 喪 與其易也 寧戚
임방이 예절의 근본을 물음에 공자께서 말씀하셨다. "크도다! 물음이여!"
예는 그 사치함보다는 차라리 검소함에 있고, 초상은 그 절차보다
차라리 슬퍼함에 있다.

위의 대화에서 나타난 공자의 생각은 겉으로 나타난 예(禮)보다는 내면의 진솔함과 아름다움을 예의 근본으로 보았다. 사치함보다는 검소

함을, 상례는 절차보다는 슬픔을 기본으로 보았다. 공자의 생각은 겉으로 표현되는 예가 마음이 뒷받침되지 않으면 의미가 없다고 보았다. 내면의 바탕(質)이 갖추어져야 외면으로 표현되는 참다운 예가 가능하다.

子夏問曰巧笑倩兮 美目盼兮 素以爲絢兮 何謂也
子曰 繪事後素
曰 禮後乎 子曰 起予者 商也 始可與言詩已矣

자하가 물었다. "방긋이 웃는 입맵시며 아름다운 눈 맵시여. 하얗게 흼으로써 더욱 빛난다 하였으니 무엇을 말하는 것입니까?"
공자께서 말씀하셨다. "그림을 그리는 일은 흰 바탕이 된 다음이니라"
자하가 말했다. "예가 뒤입니까?"
공자께서 다시 답하셨다. "나를 깨우는 이는 바로 너 상(商)이로구나! 비로소 함께 시를 말할 만하도다."

위의 대화를 살펴보면 공자를 감탄케 한 것은 자하의 깨달음이다. 눈에 보이는 입맵시와 눈맵시가 빛나려면 바탕이 갖추어져야 하고 그 바탕이 되는 것은 주석에 따르면 충(忠)과 신(信)으로 표현되는 마음이다. 그림을 그릴 때에 흰 바탕 위에 그려야 색깔이 잘 나타나는 것과 같다고 비유하면서 바탕을 갖추는 것이 먼저임을 강조하고 있다. 자하의 깨달음 역시 겉으로 표현된 예(禮)보다 바탕이 되는 마음이 중요하다는 인식이었다. 예가 겉으로 표현된 것이라면 바탕은 표현된 것을 뒷받침하는 토대로서 마음을 의미한다. 따라서 진정한 예는 표현된 형식이 아니라 마음이다.

子曰居上不寬 爲禮不敬 臨喪不哀 吾何以觀之哉

공자께서 말씀하셨다. "윗자리에 있으면서 너그럽지 아니하며, 예를 하면서 공경하지 아니하며, 장례에 임하여 슬퍼하지 아니하면 내가 어찌 그 꼴을 보리오!"

예(禮)와 경(敬)의 관계에 있어서 그 근본은 예가 아니라 경에 있음을 강조하고 있다. 경(敬)은 마음의 자세와 태도를 뜻한다. 정성을 다하는 진솔한 마음이 예의 기본이 됨을 말하고 있다. 유학의 인본주의적 태도는 아랫사람보다는 윗사람에게 예(禮)의 형식을 잘 갖추어 달라고 요구한다.

定公 問君使臣 臣事君 如之何 孔子 對曰 君使臣以禮 臣事君以忠

정공이 물었다. "임금이 신하를 부리며 신하가 임금을 섬기되 어찌하리까?"
공자께서 말씀하셨다. "임금이 신하를 부림에는 예로써 하며 신하가 임금을 섬김에는 충성으로 할지니라."

우리는 보통 유가의 예가 아랫사람에게 많은 것을 요구하는 것으로 잘못 알고 있다. 그러나 형식을 잘 갖추어서 예(禮)에 어긋남이 없도록 해야 할 사람은 윗사람이다.

우리가 예를 이야기하면서 예의 바탕과 예의 기본을 강조하는 것은 예가 한 개인의 진정한 행복과 인격의 완성에 기여하게 하기 위함이다. 예가 알맹이가 없는 형식으로 그치게 되면 한 개인의 삶을 풍요롭게 하기보다는 피폐하게 할 수 있다.

子曰 關雎 樂而不淫 哀而不傷

공자께서 말씀하셨다. "관저(關雎)는 즐거우면서도 음란하지 아니하고

슬퍼하면서도 몸을 상하지 아니 하니라."

　　관저(關雎)는 시경의 첫 번째 시편으로 행복한 남녀의 사랑과 결혼을 축하한 시이다. 공자는 예에 엄격한 사람이었지만 순수한 사랑의 자연스러운 표현은 음란한 것이 아니라 행복을 가져오는 것이라 보았다. 즐거워하되 음란에 흐르지 않고, 슬퍼하되 애상에 젖지 않는 절제와 중용의 미덕을 지향하고 있다. 낙(樂)이 지나쳐 그 바름을 잃는 것이 음(淫)이요, 애(哀)가 지나쳐 조화를 해치는 것이 상(傷)이다. 진정한 예(禮)는 건강한 절제와 중용의 자세를 잃지 않는 진솔한 마음의 아름다운 표현이다. 이는 달리 말하면 건강한 마음이 보여주는 아름다운 삶의 모습이다.

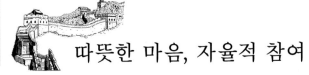

따뜻한 마음, 자율적 참여

팔일편(八佾篇)

팔일편에 담론으로 거론되는 예(禮)의 마음이 제례와 같은 의식에만 적용되는 것이 아니라 활쏘기와 같은 경쟁에도 적용된다. 예의 마음과 예의 바탕은 인(仁)으로 표현되는 따뜻한 마음으로 그림을 그릴 때로 비유하면 흰 바탕과 같은 것이다. 흰 바탕 위에 우리는 다양한 모양과 색으로 그림을 그릴 수 있다.

子曰 人而不仁 如禮何 人而不仁 如樂何
공자께서 말씀하셨다. "사람이 따뜻한 마음이 없으면 예절은 무엇 할 것이며
따뜻한 마음이 없으면 음악은 무엇 할 것이냐?"

따뜻한 마음, 어진 마음이 없다면 예악이 아무런 의미가 없다. 예로 표현된 형식은 따뜻한 마음과 정성이 담겨 있어야 비로소 빛을 발한다.

공자는 활쏘기의 예를 들어 따뜻한 마음이 담긴 공정한 경쟁을 보여 주었다.

子曰 君子 無所爭 必也射乎 揖讓而升 下而飮 其爭也君子
공자께서 말씀하셨다. "군자는 다투는 것이 없으나 반드시 활쏘기는 한다. 서로 절하고 사양하며 오르고 내려와 벌주를 마시니 그 다툼이 군자답다."

승패를 나누는 경기는 잘못하면 경쟁 그 자체가 과열되어 상대방의 마음을 다치게 하거나 자신의 평상심을 해칠 수 있다. 돈을 놓고 내기 경기를 하거나 구경하는 사람까지도 도박으로 참여하는 경기는 우리의 마음을 황폐하게 한다. 옛날의 활쏘기 예절은 서로 인사하고 사양할 뿐 아니라 진 사람에게 벌주를 내어 격려한다. 오늘날의 모든 경기는 승자가 축배주를 마신다. 그러나 패자에겐 매우 인색하다. 패자를 배려하였던 따뜻한 마음이 벌주라는 형식으로 표현되었다. 또한 공정한 경쟁을 위해 경기의 형식과 내용도 고려하였다.

子曰 射不主皮 爲力不同科 古之道也
공자께서 말씀하셨다. "활을 쏘는데 가죽 과녁 뚫기를 주장하지 않는 것은 힘이 동등하지 아니함이니 이것이 바로 예전의 도(道)이다."

활쏘기가 정신을 집중하여 과녁을 맞추는 정신 수양의 한 방편이 아니라 힘 자랑이 되는 것을 공자는 원치 않았다. 힘은 사람에 따라 다르므로 가죽 과녁 뚫기가 하나의 경쟁 기준이 된다면 시작부터 불공정한 경기가 될 수밖에 없다. 공정한 경쟁이 되려면 출발점이 공평해야 한다.

공자는 인간관계의 예가 정치가 아닌 문화로 실현되어야 한다고 보았다.

子曰 夷狄之有君 不如諸夏之亡也
공자께서 말씀하셨다. "오랑캐의 나라에 임금이 있음이 문명한 나라에 없는 것
같지 아니하다."

인간의 어진 마음이 하나의 제도로서 잘 정착되어 있는 문화 국가는 정치에 의한 통제가 아닌 자율적 참여로 예가 아름답게 실현된다. 예는 인간의 따뜻한 마음에서 우러나오는 자율적인 것이어야 다른 사람의 마음에 공감을 줄 수 있다. 예(禮)가 진솔한 마음에서 발원하여 공감을 통해 공동체에 번져 나갈 때 그 공동체의 문화적 품격과 질은 높아진다.

공자는 자율적 참여가 모든 예의 기본적 태도가 되어야 한다고 보았다.

祭如在 祭神如神在
제사를 지낼 때는 조상이 살아 계신 것과 같이 하고
신을 제사할 때는 신이 있는 듯이 한다.

•

子曰 吾不與祭 如不祭

공자께서 말씀하셨다.

"나는 자신이 제사에 참여하지 못하면 제사를 지내지 않은 것과 같다."

위의 담론에서 앞에 말은 공자가 한 말이 아닌 것 같다. 그러나 '자왈(子曰)' 이후에 언급된 자발적 참여의 태도는 공자의 말로 간주할 수 있다. 주석에 따르면 선조에 대한 제사는 '감사의 마음(孝)'이 강조되고, 신에 대한 제사는 정성(敬)이 강조된다. 그러나 공자는 선조나 신에 대한 형식으로서의 예(禮)가 아니라 나의 능동적 참여가 핵심이라고 보았다. 제례에 참여하는 나의 마음의 자세와 태도가 제례의 의미를 결정한다. 많은 돈을 준비하여 마련한 제수와 화려한 형식보다도 제례에 참여하는 나의 마음이 소중한 것이다. 공자는 제례에 참여하는 사람이 느끼거나 생각한 것이 없다면 아무 의미가 없는 무가치한 것으로 보았다.

예컨대 주석에 언급된 것과 같이 나의 대리자를 제사에 보냈다면 나는 제사에 참여하지 않은 것과 같다고 보았다. 그것은 내가 자발적으로 참여하지 않았으므로 나는 느끼거나 생각한 것이 없다. 나아가 조상에 대한 제례이든 신에 대한 제례이든 그것이 나에게 아무런 의미를 지니지 못한다면 제례의 의미가 없다. 엄밀히 말하면 제례는 오늘을 사는 나와 조상을 연결시키는 의식이다. 조상의 죽음은 죽음으로서 나와의 관계가 끝나는 것이 아니라 오늘의 나의 삶에 의미를 지니기 때문에 제례의 형식을 통해 그 뜻을 기리는 것이다.

역사적 존재로서의 인간의 삶에 대한 유가의 인식은 죽은 자에 대한 기억을 통해 면면히 이어진다. 조상이 남긴 삶의 자취와 그 삶의 기억

이 오늘의 나의 삶에 빛이 된다. 그와 같은 감사와 존경이 없다면 제례는
아무런 의미를 지니지 않는다. 그리고 이와 같은 제례와 자율적 참여
를 통해 우리의 유한한 삶은 역사적 존재로서 세대와 세대를 이어주
는 역사를 만들어 가는 것이다. 제례는 유가의 현실주의가 한 개인의
시대적 한계를 초월하는 형식이기도 하다.

청빈낙도(淸貧樂道)

이인편(里仁篇)

어진 사람과 가난한 삶은 직접적인 연관성은 없지만 그렇다고 서로가 무관한 것은 아니다. 논어에 따르면 어진 사람은 가난을 두려워하지 말아야 하며 인생의 참된 즐거움을 누리되 음란함에 빠져서는 안 된다. 어진 사람은 옛사람들이 흔히 말하던 청빈낙도(淸貧樂道)의 삶을 즐길 줄 아는 지혜가 필요하다.

子曰 不仁者 不可以久處約 不可以長處樂 仁者 安仁 知者 利仁

공자께서 말씀하셨다. "어질지 못한 사람은 곤궁한데 오래 처하지 못하며 즐거움도 오래 누리지 못하니 어진 사람은 인에 편안하고 슬기로운 사람은 어진 것을 이롭게 여긴다."

위의 말씀에 대한 주석에 따르면 어질지 못한 사람은 오래도록 궁곤하면 그 본마음을 잃어 반드시 법도를 넘고 또한 즐거움이 오래되면 음란에 빠진다고 보았다. 그러면서 오직 어진 사람만이 그 인(仁)을 편안히 여기고 부자연스러운 곳으로 가지 않으며 지혜로운 사람이라야 인(仁)을 이롭게 여겨 지켜야 할 바를 바꾸지 않는다고 말하고 있다. 여기에서의 어진 사람은 자연스러운 것, 지켜야 할 것을 지킬 줄 아는 사람을 의미한다. 어진 사람은 안인(安仁)과 이인(利仁)이 가능해야 한다. '안인(安仁)'은 삶의 태도를 의미하고 '이인(利仁)'은 삶의 지혜로운 인식을 의미한다고 볼 수 있다. 이인(利仁)은 '인(仁)'으로 나아가고자 하는 적극적인 동기와 의지를 뜻하고 안인(安仁)은 '인(仁)'을 오래도록 지킬 수 있는 생활 자세와 태도를 의미한다.

'안인(安仁)'과 관련하여 유가에서는 청빈한 삶의 태도를 부끄러워하지 않는다.

子曰 士志於道 而恥惡衣惡食者 未足與議也
공자께서 말씀하셨다. "선비가 도에 뜻을 두고도 허름한 옷과 거친 음식을 부끄러워하는 사람은 족히 더불어 의논하지 못할 것이다."

위의 구절은 '안인(安仁)'의 삶의 태도가 '안빈(安貧)'의 삶의 태도와 무관하지 않음을 보여준다. 달리 해석하면 '안인(安仁)'은 궁극적으로는 자족할 줄 아는 긍정적인 삶의 태도를 의미한다.

다른 한편으로 이인(利仁)은 사욕이 아닌 천리를 따르는 당당한 삶이 궁극적으로 이익이 된다는 인식을 의미한다. 따라서 '이인(利仁)'의 자세는 이해 관계에 있어서는 자신의 이익보다는 '의(義)'를 앞세우는 자세를 뜻한다.

子曰 君子 喩於義 小人 喩於利

공자께서 말씀하셨다. "군자는 의에 밝고 소인은 이익에 밝다."

　'이인(利仁)'에 대한 명확한 인식이 '안인(安仁)'의 흔들리지 않는 삶의
태도에 도움을 주고, '안인(安仁)'의 실천은 '이인(利仁)'을 인식하는 안목
을 넓혀 준다.

　훌륭한 인격체, 즉 어진 사람은 인식과 실천, 실천과 인식을 통해
그의 인격을 함양한다. 사람의 인품을 결정하는 것은 곧 마음이며,
어진 사람의 마음을 하나의 단어로 요약한다면 '충(忠)'과 '서(恕)'로
표현된다.

子曰 參乎 吾道 一以貫之 曾子曰 唯

子出 門人 問曰 何謂也 曾子曰 夫子之道 忠恕而已矣

공자께서 말씀하셨다. "삼(參. 증자의 이름)아, 나의 도는 하나로 이를 꿸 수

있느니라." 증자가 즉시 "예"라고 대답했다.

공자가 나가자 제자들이 물었다. "무엇을 이르신 것입니까?"

증자가 대답했다. "선생님의 도는 충서(忠恕)일 뿐이다."

　증자의 입을 빌려 표현된 '충(忠)'과 '서(恕)'는 '진기(盡己)'와 '추기(推己
)'로 풀이되기도 하고, '중심(中心)'과 '여심(如心)'으로 풀이되기도 한다.
충(忠)이 진실한 마음, 자기의 최선을 다하는 태도라면, 서(恕)는 공감
하는 마음, 자기를 변화시킬 수 있는 유연한 태도라고 볼 수 있다.
진정한 용서는 자신만을 고집한다면 불가능하다. 오히려 공감할 수

있는 능력이 요청된다.

공시적으로는 '충(忠)'으로 표현되는 자아의 균형 감각을 잃지 말아야 하며 통시적으로는 자신의 마음을 시대에 맞게 재해석하고 변화시켜 나가야 한다. '충(忠)'이 공시적인 마음의 균형 감각이라면 '서(恕)'는 통시적인 균형 감각이다. 균형 감각을 잃은 배가 전복되듯이 사람도 균형 감각을 잃으면 파멸을 가져오므로 다음과 같이 경계하고 있다.

君子 無終食之間 違仁 造次 必於是 顚沛 必於是
군자는 밥 먹는 동안이라도 인을 어김이 없을지니 다급한 때라도 반드시 인을 떠나지 말아야 하며, 역경에 처해서도 반드시 이를 지켜야 하느니라.

유가의 도(道)는 경제적인 측면에서는 부(富)와 귀(貴)를 부정하지는 않지만 바르게 얻어지지 않은 것은 경계의 대상이고 빈(貧)과 천(賤)은 반대로 수용적이라 볼 수 있다.

子曰 富與貴 是人之所欲也 不以其道 得之 不處也
貧與賤 是人之所惡也 不以其道得之 不去也
공자께서 말씀하셨다. "부와 귀는 사람이 바라는 것이나 정당하게 얻은 것이 아니면 누리지 말아야 하며, 가난한 것과 천한 것은 사람이 싫어하는 것이나 정당하게 돌아온 것이 아닐지라도 피하지 말지니라."

유가의 생활 철학은 부(富)와 귀(貴), 빈(貧)과 천(賤)의 경제적 가치보다도 '도(道)'로서 표현되는 정신적 가치를 중요시했고, 수단과 목적에 대한 분명한 인식을 통해 삶의 본질에 충실하고자 했다. 따라서 '안인(安仁)'과 '이인(利仁)'의 삶은 '청빈낙도(清貧樂道)'의 생활 철학을 낳았다.

따뜻한 사랑의 공동체

이인편(里仁篇)

'이인(里仁)'은 글자 그대로 미풍양속으로 따뜻한 사랑의 공동체를 이루는 것을 의미한다.

子曰 里仁爲美 擇不處仁 焉得知

공자께서 말씀하셨다. "공동체(마을)가 따뜻함이 아름다우니 택하여 사랑으로 살지 않으면 어찌 알 수 있겠는가?"

공자의 이 말씀에서 간과할 수 없는 중요한 핵심은 사람다운 삶, 따뜻한 인간 공동체는 개인보다도 공동체가 함께 할 때 가능하다는 점이다. '안인(安仁)'과 '이인(利仁)'의 생활 태도 역시 공동체의 삶 속에서 경험하고 깨달아야 할 삶의 방식이다. 그렇다면 따뜻한 사랑의 공동체를 형성하는 기본 바탕은 무엇인가? 그것은 '덕(德)'으로 표현되는 우리의 '밝은 마음'이다.

子曰 德不孤 必有隣

공자께서 말씀하셨다. "덕(德) 있는 사람은 외롭지 않고 반드시 이웃이 있다."

그렇다면 덕(德) 있는 사람은 어떤 사람인가? 이인편(里仁篇)에 실린 내용을 근간으로 한다면 덕 있는 사람은 말과 행동이 일치하도록 노력함으로써 인간관계의 믿음을 얻는 사람을 뜻한다. 따라서 덕 있는 사람은 말을 삼가고 어눌하기까지 하다.

子曰 古者 言之不出 恥躬之不逮也

공자께서 말씀하셨다. "옛사람이 말을 함부로 하지 않은 것은 몸으로 실천하는 것이 미치지 못할까 부끄러워함이다."

·

子曰 君子 欲訥於言而敏於行

공자께서 말씀하셨다. "군자는 말은 더듬어도 행동은 민첩하다."

공자가 본 덕 있는 사람은 말은 어눌하더라도 행동은 민첩한 사람이다. 말이 행동을 통하여 실천되어야 하고 말에 책임을 지는 사람이 되어야 하기 때문에 언제나 행동과 실천을 염두에 두고 말해야 한다.

그렇다고 해서 침묵하라는 것이 아니라 여기에서도 중용을 잃지 않는 자세가 요청된다.

子游 曰 事君數 斯辱矣 朋友數 斯疏矣

자유(子游)가 말했다. "임금을 섬기되 자주 간하면 욕을 보게 되고, 친구를 사귀되 자주 충고하면 멀어진다."

자유(子游)의 주장은 간언과 충고를 하지 말라는 것이 아니라 의로운 말도 지나치면 말한 사람을 가볍게 만들고 듣는 사람도 싫어한다. 말을 함에 스스로 절제할 줄 알아야 하며 치우침이 없어야 한다.

또한, 덕이 있는 사람은 형식보다는 진솔한 마음, 따뜻한 마음 그 자체이어야 한다.

子曰 能以禮讓爲國乎 何有 不能以禮讓爲國 如禮何

공자께서 말씀하셨다. "능히 예와 사양으로서 하면 나라를 다스림에 무슨 문제가 있겠는가? 능히 예와 사양으로 하지 못하면 나라를 다스림에 예문이 있은들 어찌하겠는가?"

•

子曰 父母之年 不可不知也 一則以喜 一則以懼

공자께서 말씀하셨다. "부모의 나이는 반드시 알아야 하니 한편으로는 기쁘고 한편으로는 두렵다."

공자의 이 말은 형식보다는 실제가 중요함을 강조한 것이다. 법을 잘 갖추는 것도 중요하지만 스스로 법을 지키는 공동체의 문화가 중요하다. 양질의 문화는 진솔한 마음과 따뜻한 마음으로부터 나와야 한다.

부모의 나이가 기쁨이 되고 두려움이 되는 공감의 문화가 품격 있는 공동체의 문화이다. 양질의 문화는 경제적 지표만으로 결정되는 것이 아니다. 경제지표보다는 사회적 정의와 공동선이 우선되어야 한다.

子曰 君子喩於義 小人喩於利
공자께서 말씀하셨다. "군자는 의(義)에 밝고 소인은 이(利)에 밝다."

·

子曰 見賢思齊焉 見不賢而內自省也
공자께서 말씀하셨다. "어진 이를 보면 나 또한 그와 같이 되기를 생각하고 어질지 않은 자를 보면 스스로 반성해 보아야 한다."

이해관계보다는 사회적 정의를 먼저 생각하고 스스로 어진 자가 되기 위해 이웃으로부터 배우는 자세를 지녀야 한다. 어진 사람도 어질지 않은 사람도 나의 행동을 바르게 하는 거울이 될 수 있다. 선한 사람에게서는 선을 배우고 악인에게서는 삼가 나의 마음에 악한 마음이 있지 않은가 살펴보는 반성의 거울이 될 수 있다.

공자가 꿈꾼 따뜻한 사랑의 공동체는 함께 하면서 서로에게 귀감이 되는 공동체였다. 말과 행동이 일치하고 약속이 지켜지는 신뢰의 공동체를 꿈꾸었으며 진솔한 마음과 따뜻한 마음이 공감을 통해 소통되는 사회를 꿈꾸었다. 공자가 꿈꾸었던 행복은 우리의 진솔한 마음이 제 자리를 찾을 때, 우리의 마음 그 자체가 깨닫고 느끼는 기쁨과 즐거움이다.

지자(知者)와 인자(仁者)

옹야편(雍也篇)

공자가 말한 지자(知者)와 인자(仁者)는 오늘날의 언어로 본다면 든 사람과 된 사람 정도의 의미 차이로 받아들일 수 있으나 지(知)와 인 (仁)을 함께 말할 때는 이 양자가 서로 보완되어야 하거나 조화를 이루어야 함을 뜻하는 경우가 많다.

> 子曰 知者樂水 仁者樂山 知者動 仁者靜 知者樂 仁者壽
> 공자께서 말씀하셨다. "지혜로운 이는 물을 좋아하고 어진 이는 산을 좋아하며, 지혜로운 이는 움직이고 어진 이는 고요하며, 지혜로운 이는 즐겁게 살고 어진 이는 오래 산다."

이른바 공자가 말씀하신 요산요수(樂山樂水)는 산과 물로 비유된 군자의 미덕을 의미한다. 아름다운 인격은 물과 같은 변화와 산과 같은 안정이 동시에 요구됨을 뜻한다. 지혜를 사물에 비유한다면 물과 같다. 물은 두루 흘러 막힘이 없다. 인간관계로 말한다면 지혜로운 사람은 물과 같이 소통한다. 그리고 일을 처리함에 있어서도 유연성을 발휘한다. 그러나 변화만이 능사가 아니다. 지켜야 할 것은 지켜야 한다. 산은 물의 상대 개념으로 공자가 말한 것이다. 산은 주석의 설명처럼 두텁고 무거워 물과 같이 쉽게 바뀌지 않는다. 공자는 물과 산, 동(動)과 정(靜)이 조화를 이루어야 삶의 행복인 '즐거움(樂)'과 '수(壽)'를 누릴 수 있다고 보았다. 때로는 물과 같이 변화하고 때로는 산과 같이 지켜야 건강과 복을 누릴 수 있음을 말하고 있다.

옹야편의 다른 대화에서도 우리는 지와 인의 통섭과 보완 관계를 살펴볼 수 있다.

樊遲問知 子曰 務民之義 敬鬼神而遠之 可謂知矣 問仁曰 仁者先難而後獲
可謂仁矣

번지가 지혜에 대하여 물으니 공자께서 말씀하셨다. "민중의 의(義)에 힘쓰고
귀신을 공경하되 멀리 하는 것이 지혜롭다 말할 수 있다. 인에 대해 물으니 어진
이는 어려운 일을 먼저 하고 얻는 것은 뒤로 하니 어질다 말할 수 있다."

공자는 지혜로운 사람은 민중이 옳다고 여기는 바에 힘쓰는 사람이며 눈에 보이지 않는 힘을 존중하나 이를 멀리 하여 분명한 것부터 해결하는 사람이라고 보았다. 물론 제자 번지를 염두에 두고 한 말이지만 지혜로운 사람은 정의의 실천에 힘쓰고 눈에 보이지 않는 미신에 유혹되지 않는 생활 태도를 보여야 한다고 보았다. 또한 어진 마음을 지닌 사람은 현실적인 이익을 앞세우기 보다는 선한 일과 올바른 일을 먼저 실천하고 이해관계는 차후의 문제라고 보고 일을 처리할 수 있어야 한다. 아마도 제자 번지는 이해관계를 앞세우기 때문에 어려운 일은 피하고 많은 이익을 얻고자 하는 성향을 보였기 때문에 이와 같이

말한 것으로 보여진다. 의로운 일에 힘쓰고 어려운 일을 피하지 않는 자세는 일을 이루기 위해 서로 보완해야 할 자세이다. 공자는 지(知)와 인(仁)을 함께 말함으로써 조화와 중용의 인격을 완성할 수 있다고 보았다.

공자는 제자의 성품에 맞는 담론을 펼쳤다. 따라서 어진 마음이 앞서서 지혜로운 판단이 미흡한 재아가 인에 대해 물었을 때 지혜로운 판단 능력을 강조하였다.

宰我問曰 仁者 雖告之曰井有仁焉 其從之也 子曰 何爲其然也 君子可逝也
不可陷也 可欺也不可罔也

재아가 물었다. "어진 사람은 우물에 사람이 있다고 이를 알리면 곧 달려가 우물 속으로 들어가야 합니까?"
공자가 말씀하셨다. "어찌 그렇게 하겠는가? 군자는 가서 볼지언정 빠져서는 안 되며 이치를 들어낼지언정 이치에 맞지 않는 어둠에 빠질 수는 없다."

공자는 좋은 생각과 선한 마음이 지혜로운 생각과 판단에 의해 보완되어야 한다고 보았다. 사람을 구한다는 선한 마음이 잘못된 판단으로 함께 우물에 빠지면 사람을 구할 수 없는 상황에 처하게 된다. 지혜로운 생각과 판단으로 잠시 사람들을 꾈 수는 있지만 몽매함으로 꾀일 수는 없다고 보았다. 물론 위의 대화는 재아라는 제자에 맞춘 가르침이다. 그러나 공자의 담론 속에는 좋은 생각을 구체적으로 실천하는 데는 지혜로운 판단 능력이 뒷받침되어야 함을 강조하고 있다.

지(知)와 인(仁)은 동전의 앞면과 뒷면처럼 상호 보완하여 아름다운 통일체를 이루어야 한다. 아름다운 마음은 좋은 생각과 판단을 가져오고, 지혜로운 생각과 판단은 아름다운 마음을 실현하게 한다.

실천하는 삶

술이편(述而篇)

덕(德)으로 불리는 인격은 자신을 아는 것과 실천이 함께 동반되어야 한다. 주석에 언급된 '일신우일신(日新又日新)'하는 삶 역시 아는 것보다는 실천에 그 방점이 있다.

子曰 德之不修 學之不講 聞義不能徙 不善不能改 是吾憂也
공자께서 말씀하셨다. "덕을 닦지 않고 배운 것을 강론하지 않으며, 의를 듣고도 능히 실천하지 못하고, 착하지 않은 것을 고치지 못하는 것이 나의 근심이다."

공자가 근심한 것은 아는 것보다는 실천이었다. 심지어 많이 들어 안 것을 실천하지 못하는 데서 오는 앎과 실천의 불균형에 대해 고민했다. 따라서 공자는 알지 못하는 것을 말하거나 추진하지 않았다.

子曰 蓋有不知而作之者 我無是也 多聞擇其善者而從之 多見而識之
知之次也

공자께서 말씀하셨다. "알지 못하면서 행동하는 사람이 있다. 나는 이러함이 없다.
많이 듣고 바른 것을 택하여 이를 따르고, 많이 보고 이를 기억해 두는 것이 지혜의
버금가는 길이다."

많이 보고 많이 듣는 것은 사변을 통해 아는 것이 아니라 경험을
통해 아는 것이거나 경험 사례를 듣거나 보는 것을 의미한다. 실천을
염두에 둘 때의 앎은 사변적인 것이 아니라 경험적인 것이어야 한다.

실천을 염두에 둔다면 우리는 기획을 꼼꼼히 하여야 한다. 공자는
자로와의 대화를 통해 성급하게 일을 추진하는 것을 경계하여 조언
하였다.

子路曰 子行三軍則誰與 子曰 暴虎馮河 死而無悔者 吾不與也
必也臨事而懼 好謀而成者也

자로가 말하였다. "공자께서 삼군을 지휘하신다면 누구와 함께 하시겠습니까?"
공자께서 대답하셨다. "맨손으로 범을 잡으며 맨발로 강을 건너다가 죽어도
뉘우침이 없는 이를 나는 함께 하지 않을 것이니 반드시 일에 임하여 두려워하고
꾀를 잘 내어 성공할 수 있는 사람과 함께 할 것이다."

공자는 자로(子路)의 저돌적 성격을 꾸짖어 말하고 있다. 일을 추진
함에 있어서 지나친 용기보다 일을 꼼꼼히 준비하고 기획함이 우선되
어야 한다. 상황에 대한 인식과 나의 능력을 바로 보지 못하고 욕심

만을 앞세우면 일을 그르치게 된다. 아울러 나아가 행할 때와 물러날 때를 잘 아는 것도 지혜로운 삶을 여는 길이다.

子謂顔淵曰 用之則行 舍之則藏 惟我與爾有是夫
공자께서 안연에게 말씀하셨다. "등용되면 도를 행하고 버려지면 숨는 태도는 오직 나와 너만이 이렇게 할 수 있다."

욕심을 갖는 일은 오히려 쉽다. 물러날 때 버리고 떠나는 일은 더욱 힘들다. 특히 자신이 바라고 원하던 것을 버리고 떠나는 것은 더욱 더 힘들다. 욕심을 갖는 것보다 버리는 것이 더욱 힘들고 원한을 갖는 것보다 용서하는 일은 더욱 힘들다.

공자가 생각한 '인(仁)'의 실천은 대상과 상황에 맞는 공감과 배려를 행동으로 표현하는 것이다.

子食於有喪者之側 未嘗飽也 子於是日哭則不歌
공자께서는 상을 당한 사람 곁에서 식사하실 때에 일찍이 배부르게 먹는 일이 없었다. 공자께서 이날에 곡을 하면 종일토록 노래하는 일이 없었다.

유가의 예절은 상대방의 마음을 헤아려 이해하고 공감하는 바에 따라 상대방에 대해 자연스럽게 배려하는 마음을 표현한 것이다. 따라서 그 예절은 표현되지 않는 것도 문제이지만 너무 지나치게 표현되는 것도 문제가 된다.

공자는 그의 제자들과 함께하면서 자신을 숨기거나 감추려 하지 않았다. 오늘날에 있어서도 공동체의 신뢰를 높이는 길은 지도자가 정직하고 투명하게 일을 처리하는 것이다. 이 점에 있어서 공자는 정정당당한 자부심을 갖고 있었다.

子曰 二三子 以我爲隱乎 吾無隱乎爾 吾無行而不與二三者 是丘也
공자께서 말씀하셨다. "너희들은 내가 무엇을 숨긴다고 생각하느냐?
나는 너희에게 숨기는 것이 없다.
내가 행함에 너희와 함께하지 않은 것이 없다. 이것이 바로 나다."

공자는 자기 자신을 혁신하는 수신이 제가와 치국의 기초라 보았고 한 인간의 행복을 결정한다고 보았다. 한편 수신은 학습을 통해 이루어지고 학습의 두 방법으로서 깨달음과 실천을 강조하였다. 아울러 깨달음과 실천은 상호 간의 변증법적 대화를 통해 그 깊이와 넓이를 심화하고 확장한다. 깨달음은 실천을 통해, 실천은 깨달음을 통해 우리의 인격을 심화하고 확장시킨다.

문화(文化), 도(道)의 표현과 실천

자한편(子罕篇)

유학에서 말하는 문화(文化)와 예(藝)는 껍질에 불과한 형식만을 추구하는 것으로 잘못 인식하는 경향이 있다. 유학에서 말하는 문화와 법도는 기본 원칙을 철저하게 지키는 합리주의이다.

子曰 麻冕 禮也 今也純 儉 吾從衆 拜下 禮也 今拜乎上 泰也 雖違衆 吾從下
공자께서 말씀하셨다. "삼베로 짠 관을 쓰는 것이 예법에 맞지만, 지금 사람들은
명주실로 짠 관을 쓰니 검소한지라 나도 대중을 따르겠다.
신하가 당 아래서 절하는 것이 예법에 맞는데 이제는 당 위에서 절을 하니 이는
교만한지라 비록 대중과 어긋나더라도 나는 당 아래서 절을 하겠다."

위의 말에 나타난 공자의 기본태도는 예의 형식보다는 예의 기본 정신인 겸손한 마음에 초점이 맞추어져 있다. 관의 재료는 검소하게 대중을 따르는 것이 좋으나 예의 실천, 즉 행동은 예의 기본 정신과

원칙을 지키고 있음을 읽을 수 있다.

자한편(子罕篇)에 실린 다음의 일화는 문화(文化)에 대한 공자의 생각과 삶의 기본 신념을 보여준다.

子 畏於匡 曰 文王 旣沒 文不在玆乎 天之將喪斯文也 後死者
不得與於斯文也 天之未喪斯文也 匡人 其如予 何

공자께서 광(匡) 땅에서 위태로운 지경에 빠지셨을 때, 말씀하셨다.
"문왕이 이미 돌아가셨으나 그가 남긴 문화는 이제 나에게 있지 않으냐? 하늘이
장차 이 문화를 없애 버리려 했다면, 후세 사람들이 이 문화와 함께하지 못
하려니와 하늘이 이 문화를 없애려 하지 않을진대, 광 땅의 사람들이 나와 같은데
나를 어찌하겠느냐?"

공자의 태도는 예악제도(禮樂制度)의 문화를 궁극적으로 '도(天道)'의 표현이라 보고 사람의 행동이 도에 어긋나지 않는다면 당당하게 현실에 도전할 수 있음을 보여주고 있다. 우리는 잘못된 유언비어가 있다면 당당하고 의연하게 진실을 말하고 주장할 수 있어야 한다. 공자는 우리의 문물제도가 천리와 천도에 어긋나지 않는 보편성에 그 뿌리를 두어야 한다는 신념을 갖고 있었다.

공자가 보았던 사회 공동체의 문화는 철저하게 인간에 의해 성취되어야 한다는 인본주의적 입장을 취한다. 그 사회 공동체의 문화적 품격은 환경이 결정하는 것이 아니라 그 사회를 구성하는 사람들에 의해 결정된다.

子 欲居九夷 或曰 陋 如之何 子曰 君子 居之 何陋之有

공자께서 동쪽의 오랑캐 나라에 옮겨 살고자 하셨더니, 어떤 사람이 말했다.

"지저분한데 어떻게 살 수 있겠습니까?"

공자께서 말씀하셨다. "군자가 거기에 살거늘 무슨 지저분함이 있으리오."

따라서 공자는 정치 참여적 태도를 취한다. 그는 학문으로 익힌 진리가 이 땅 위에서 인간에 의해 꽃 피기를 원했다.

子貢曰 有美玉於斯 韞匵而藏諸 求善賈而沽諸 子曰 沽之哉 沽之哉 我
待賈者也

자공이 말했다. "아름다운 옥이 여기 있다면 함 속에 감추어 두겠습니까? 좋은
값을 받고 팔겠습니까?"

공자께서 말씀하셨다. "팔아야지, 팔아야지. 나는 좋은 값을 기다리는 사람이다."

공자의 생각은 공동체가 인재를 양성하고, 양성된 인재는 도가 구현되는 사회를 구축하는 개혁과 변혁의 역할을 감내하여야 한다. 도(道)는 고정된 개념이 아니라 역사적 현실과 소명에 따라 부단히 재해석되어야 한다. 고정된 개념과 틀은 인간을 구속하고, 변화하지 않는 사회는 생존 자체가 위협 받는다.

子 在川上曰 逝者如斯夫 不舍晝夜

공자께서 냇가 위에 서 계시면서 말씀하셨다.

"가는 것이 이와 같도다. 낮과 밤을 쉬지 않는다"

·

子曰 法語之言 能無從乎 改之爲貴 巽與之言 能無說乎 繹之爲貴 說而不繹
從而不改 吾未如之何也已矣

공자께서 말씀하셨다. "바르게 깨우쳐 주는 말을 따르지 않을 수 있으랴. 잘못을
고치는 것이 귀중하다. 완곡하게 이르는 말을 능히 기뻐하지 않을 수 없지만
그 참뜻을 찾아내는 것이 귀중하다. 기뻐하되 그 참뜻을 찾지 아니하고 따르되
고치지 않으면 나도 어찌하지 못할 것이다."

　　공자의 표현을 빌리면 바르게 깨우쳐 주는 말, 법어(法語)가 있고
완곡하게 표현된 말, 선언(選言)이 있다. 깨우쳐 주는 말을 들었으면
자신의 잘못을 고치는 것이 중요하고, 완곡하게 표현된 말은 기뻐만
할 것이 아니라 그 참뜻을 파악하는 것이 중요하다. 이와 같이 진실
을 보고 자신을 끊임없이 개혁시켜 나가는 것이 유가에서 보는 수도
(修道)의 기본자세이다. 그리고 수도(修道)를 통해 깨달은 진리(道)가
실천되어 개인과 사회를 개혁시켜 나갈 때 유가에서 꿈꾸는 품격 있는
문화의 창조가 가능하다.

인간, 역사적 존재

자한편(子罕篇)

　인간은 역사적 존재이다. 우리는 시간을 살고 있고, 그 시간은 흐르는 물과 같이 연속선 상에 놓여있다. 인간이 만들어 낸 역사 또한 연속적인 시간선 상에서 형성된다.

　　子在川上曰 逝者如斯夫 不舍晝夜
　　공자께서 냇물 위에 서서 말씀하셨다.
　　"흐르는 것이 이와 같아서 주야로 멈추지 않고 이어진다."

　주석에 따르면 천지의 조화가 가는 것은 오는 것으로 이어진다. 한 순간도 멈춤이 없이 흐르는 것이 도의 본연의 모습이다. 해가 지면 달이 뜨고, 추위가 지나가면 더위가 온다. 사계절은 순환하지만 멈추는 법이 없다. 배우고자 하는 자도 때때로 성찰(省察)하고 지속적으로 성장한다면 지극한 경지에 이른다.

子曰 後生可畏 焉知來者之不如今也 四十五十而無聞焉 斯亦不足畏也已

공자께서 말씀하셨다. "젊은 후배들이 두려운 것이다. 어찌 앞으로 나올 그들이 지금의 우리보다 못하다고 할 수 있겠는가? 그러나 사십이나 오십이 되어도 아직 세상에 이름이 나지 않으면 이는 또한 두렵지 않다."

공자의 이 말씀은 젊은 후배들에게 어려서부터 인격 수련에 힘써 달라는 권고의 뜻이 담겨 있다. 시대적 사명을 스스로 물어가며 부단히 학문에 힘쓰면서 미래를 준비하는 사람이 공자는 무서운 사람이라고 표현하고 있다. 이 말은 공자가 미래의 세대인 후배들에게 전하고자 하는 메시지이다. 그는 준비된 사람은 사오십 세가 되면 그 인격과 실력이 나타난다고 보았다.

공자는 잘 다듬어진 인격이 현실 정치에 참여할 때 행복한 공동체를 이룰 수 있다고 보았고 그 자신도 현실 정치에 기여하길 원했다.

子貢曰 有美玉於斯 韞匵而藏諸 求善賈而沽諸 子曰 沽之哉沽之哉
我待賈者也

자공이 말하였다. "여기 아름다운 옥이 있다면 함 속에 감추어 두겠습니까? 좋은 값에 팔겠습니까?" 공자께서 말씀하셨다. "팔아야지, 팔아야지. 나는 좋은 값에 팔리기를 기다리는 사람이다."

공자는 현실 정치에 참여하기를 원했다. 그러나 도(道)를 버리고 참여하는 것을 피했다. 현실 정치에 참여하여 역사적 소명을 다해야 한다. 그러나 길(道)이 아니고 때가 아니면 기다릴 줄 알아야 한다. 물론 공자의 이 말은 오늘날의 시각에서 보면 적극적으로 자신을 알리는 일은 무시될 수 없다. 자신을 알리는 일은 적극적으로 추진하되 바른 길인가는 스스로 판단하고 결정해야 한다.

인간은 자신에게 부여된 역사적 소명에 충실해야 한다. 유가 사상의 핵심은 하늘로부터 부여받은 역사적 소명, 즉 천명(天命)에 부응하는 것이다. 유가의 선비들은 때로는 이 역사적 소명에 부응하기 위해 죽음도 불사하였다. 현실적으로 보면 인간 행복의 길은 천명에 응답하는 것이다. 우리의 부모와 조국이 천명이며 우리의 언어와 문화가 천명이다. 우리는 먼저 이 운명에 적극적으로 응답해야 한다. 영어 이전에 모국어를 충실히 배워야 하며 우리의 역사를 알아야 한다. 내 부모에게 감사해야 하고 내가 하늘로부터 부여받은 적성에 맞는 직업을 선택해야 한다. 흥미를 갖고 잘할 수 있으며 몰입할 수 있는 일을 찾아야 한다. 그러나 그와 같은 적성은 하루 아침에 발견되고 계발되는 것이 아니라 숙성을 위해 참고 기다리는 지혜가 요청된다.

子曰 歲寒然後 知松栢之後彫也
공자께서 말씀하셨다.
"계절이 추워진 뒤에야 소나무와 잣나무가 나중에 시든다는 것을 알게 된다."

범씨(范氏)의 주석은 평상시에는 소인이나 군자는 별 차이가 없지만 이해관계에 접하거나 어려운 일이 닥칠 때 군자가 지키는 것이 다름을 볼 수 있다고 설명한다. 사씨(謝氏)의 주석은 선비가 궁하면 절개와 의리가 보이고, 세상이 어지러워지면 충신이 그리워지고 배우고자 하는 사람은 반드시 덕을 가까이 한다고 풀었다.

역사는 인간이 만든다. 역사는 역사적 소명에 부응하는 인간들에 의해 만들어진다. 역사는 험난한 파도를 넘으면서 영웅을 만들어 낸다. 물론 역사는 영웅들의 전유물은 아니다. 그러나 험난한 시대의 스토리는 영웅을 만들어 내고 영웅은 역사적 소명과 시대적 과제에 대해 도전하고 새로운 이야기를 만들어 낸다.

바른 몸가짐

향당편(鄕黨篇)

바른 몸가짐이 인격의 중요한 요소임을 공자는 "새도 사람의 기색을 살펴보고 날아 올라갔다가 다시 와서 앉는다(色斯擧矣 翔而後集)"고 말했다. 한 사람의 얼굴 표정과 몸가짐은 그 사람의 인격을 밖으로 들어내는 중요한 척도가 된다. 공자가 가장 중요하게 본 태도적 자질은 인간에 대한 사랑과 존중이다.

廐焚 子 退朝曰 傷人乎 不問馬

마구간이 불에 탔거늘, 공자께서 조정에서 물러 나오시어 말씀하셨다.
"사람이 상했느냐?"하시고 말에 대해서는 묻지 않으셨다.

물론, 말(馬)이 아깝지 않은 것이 아니나 사람의 생명을 존중하는 마음이 우선이고 그와 같은 삶의 자세로 말하고 행동해야 함을 보여주고 있다. 공자의 몸가짐은 철저히 대상과 상황에 따라 기본 원칙에 어긋나지 않는 한 유연하게 이루어졌다.

孔子 於鄕黨 恂恂如也 似不能言者 其在宗廟朝廷 便便言 唯謹爾
공자께서 향리에 계실 때에 공손하시고 성실하셨으며 마치 말할 줄 모르는 사람
같으셨다. 그러나 종묘와 조정에 계실 때에는 분명하게 말씀하시되 어디까지나
신중히 하셨다.

공자가 평상시에는 마치 말할 줄 모르는 사람처럼 말수가 적었다는
것은 말이 침묵 속에서 걸러져 나와야 함을 잘 보여준다. 말이 침묵과
사색을 통해 충분히 걸러져야 그 말이 다른 사람의 마음에 상처를 주
지 않을 수 있다. 이 말은 물론 남이 듣기 편한 좋은 말만 하라는 말이
아니다. 침묵을 통해 걸러진 말이 사람을 움직일 수 있는 힘과 감동을
줄 수 있다. 바른말을 당당하게 말하되 침묵 속에서 익혀져 나와야 한
다. 공적인 자리에서의 말은 불가피한 것이고 이때에도 신중했다는 것
은 말에 따른 책임을 염두에 두었다는 것을 의미한다. 공적이든 사적이
든 말에는 책임이 따른다. 사적인 말은 바로 자신에게 책임을 져야 하
고 공적인 말은 관련된 모든 사람에 대해 책임을 져야 한다. 따라서 공
인으로서 공적으로 말할 때에는 신중하지 않을 수 없다. 공적인 말하
기에서 '신중함'은 선택사항이 아니라 필수 요건이라 할 수 있다.
공자는 옷을 입을 때에 실용성과 이미지를 생각했고 식생활에서는
건강을 가장 중시했다. 이는 그의 의생활과 식생활에 관한 몸가짐이 기
본 원칙에 충실했음을 보여준다.

狐貉之厚 以居 去喪 無所不佩 非帷裳 必殺之

여우와 담비의 두터운 옷을 집에서 입으셨으며,

상(喪)을 마치고 나시면 패물을 가리지 않고 차셨으며,

조회와 제례의 예복이 아니면 반드시 줄여서 간편하게 입으셨다.

•

食饐而餲 魚餒而肉敗 不食 色惡不食 臭惡不食 失飪不食 不時不食

밥이 상하여 쉰 것과 생선이 상하고 고기가 썩은 것을 먹지 아니하셨다.

빛이 변한 것을 먹지 아니하시고, 냄새가 나쁜 것을 먹지 아니하셨다.

익지 않은 것을 먹지 아니하시었고, 때가 아니면 먹지 아니하셨다.

공자의 몸가짐과 관련하여 특히 식생활에 있어서는 생태적, 과학적 원칙을 존중하여 상한 음식을 먹지 않았고, 규칙적인 식생활로 몸의 생리적 질서를 지킴으로써 건강한 삶을 실천하였다.

寢不尸 居不容 見齊衰者 雖狎 必變 見冕者與瞽者 雖褻 必以貌

주무실 때에는 시체처럼 눕지 않으셨으며,

집에 계실 때에는 모양을 꾸미지 아니하셨다.

부모의 상복을 입은 이를 보시면 비록 친하더라도 반드시 얼굴빛을 엄숙하게

하셨고 면관을 쓴 이와 소경을 보시면,

비록 평복일 때라도 반드시 예모를 갖추고 대하였다.

공자는 집에 있을 때 모양을 꾸미지 않는 편리함과 실용성을 추구하였지만, 인간의 힘의 통제 범위를 넘어서는 영역에 대해서는 경건한

자세를 취했다. 편한 것은 좋지만 너무 게으르고 나태한 생활 모습은 경계하였다. 또한 친구라도 경우에 따라서는 엄숙하게 대했다. 죽음이란 하늘의 섭리 앞에서 공자는 옷 매무새를 단정히 하는 경건한 자세를 취한다. 이와 같은 몸가짐은 인본주의자 공자가 우주와 자연의 섭리 앞에서는 경건한 자세를 견지하였음을 보여 주고 있다.

迅雷風烈 必變
빠른 우레와 맹렬한 바람에는 반드시 낯빛을 고치고 의관을 정제하셨다.

공자가 보여준 유가의 몸가짐은 상황에 맞는 최적의 행동을 보여 주는 것이며, 그것은 정적인 것과 동적인 것, 경건한 태도와 실용적 태도의 중용의 길을 의미한다. 중용은 산술적 중간값을 의미하는 것이 아니라 하나의 상황을 지배하는 무게 중심과 같은 것이다.

升車 必正立執綏 車中 不內顧 不疾言 不親指
수레에 오르시어 반드시 바르게 서서 수레고삐를 잡으셨다. 차 속에서는
두리번거리지 않으시며, 말을 빨리하지 아니하시며, 손수 손가락질 아니하셨다.

경건한 자세

향당편(鄕黨篇)

유가는 현실주의를 지향하고 오늘로 말하면 과학과 합리를 존중한다. 그렇다면 향당편에 쓰여진 다음과 같은 구절은 무엇을 의미하는가?

迅雷風烈 必變
빠른 우레와 맹렬한 바람에는 반드시 낯빛을 고치고 의관을 정제하셨다.

여기에서의 '필변(必變)'은 경건한 자세를 취한다는 의미를 지닌다. 갑자기 천둥이 치고 강한 바람이 불면 대부분의 사람들은 불안감을 느낀다. 왜냐하면 우리가 합리적으로 설명할 수 있는 자연현상은 제한되어 있기 때문에 앞으로 어떻게 발전될지 잘 모르는 상황에 대해서는 불안감을 느낄 수밖에 없다.

그러나 유가는 두려움 때문에 경건한 자세를 취한 것이 아니라 인간의 통제 범위를 벗어나는 상황에서 자신을 지키고 자신이 속해 있는 공동체의 안전을 최대한으로 보장하기 위해 이와 같은 자세를 취하는 것이다.

見齊衰者 雖狎必變 見冕者與瞽者 誰褻必以貌
부모의 상복을 입은 자를 보면 비록 친할지라도 반드시 얼굴빛을 엄숙하게 하셨고, 면관을 쓴 이와 소경을 보시면 비록 평복일 때라도 반드시 예모를 갖추고 대하셨다.

상복을 입은 자와 소경에 대해 경건한 자세를 취하는 것은 자신의 안전보다는 상대방의 마음을 배려하는 어진 마음에서 비롯되었다고 볼 수 있다. 높은 자리에 있는 사람에게 경건한 자세를 취하는 것은 인간관계를 원활하게 하기 위한 예절이라 볼 수 있다. 유가의 경건한 생활 자세는 신비주의가 아니라 어디까지나 현실의 삶을 안전하게 하고 풍요롭게 하고자 하는 태도이다.

有盛饌 必變色而作
성찬을 받으시면 정색하고 일어나서 감사의 예를 표하셨다.

주석에 따르면 주인이 손님을 맞는 예에 대해 감사와 존중을 표현하는 것이지 성찬을 칭찬하는 것은 아니라고 보았다. 유가의 예는 인간관계를 풍요롭게 하는 감사와 삶에 대한 진지한 자세를 보이는 것이다. 삶에 대한 진지한 자세는 게으름과 교만을 경계하고 지양하는 경건한 자세를 의미한다. 특히 안이함과 교만이 마음을 병들게 하는 것임을 직시하고 생활 속에서 경건한 자세를 견지할 것을 강조한다.

寢不尸 居不容
잠잘 때 시체처럼 눕지 않았고 집에 계실 때 꾸미지 않으셨다.

주석에 따르면 잠잘 때 시체처럼 눕지 않았다는 것은 모양을 의미한다기보다는 게으르고 거만한 기운이 몸에 퍼지는 것을 경계하여 말한 것이라고 풀이하였다. 중용에서 말하는 신독은 남이 보고 듣지 않는 곳에서도 삼가야 함이 있음을 말한다. 이는 잠시도 도(道)에서 벗어나지 않는 경건한 자세가 우리의 몸과 마음을 정화하고 잘못된 생활 습관에 빠지지 않는 길임을 보여준다. 기(氣)는 역동적인 삶의 한 에너지이지만 적절히 절제되지 않으면 조화의 수준을 벗어나게 하고 결국은 진정한 나의 삶과 행복한 마음을 상실하게 만든다.

천명(天命)으로 주어진 본바탕인 성(性)을 제대로 구현하려면 인의예지로 표현되는 이성과 희노애락으로 표현되는 감성이 조화를 이루어야 한다. 중용의 가르침에 따르면 조화는 감성의 절제를 필요로 하고, 감성의 절제는 인의예지로 표현되는 이성의 논리와 규범을 필요로 한다. 감성은 우리의 삶을 윤택하게 하고 풍요롭게 한다. 그러나 이성에 의해 절제되지 않으면 참된 나의 삶을 위태롭게 한다. 감성은 역동적이지만 방향성을 상실하기 쉽고 맹목적이다. 감성은 이성에 의해 절제되어야 하고 이성은 감성의 날개를 달아야 현실에서 역동성을 발휘하고 우리의 삶을 풍요롭게 한다.

경건한 삶의 자세는 감성의 절제를 통해 조화로운 삶과 참된 나의 삶을 살고자 하는 유가(儒家)의 기본적인 생활 태도이다.

성격과 운명

선진편에 언급된 자로와 공자 사이의 대화를 살펴보면 공자는 한 인간의 성격이 그의 삶과 운명을 결정한다고 보았다.

閔子 侍側誾誾如也 子路 行行如也 冉有子貢侃侃如也 子樂 若由也
不得其死然
민자는 옆에서 모심에 평온하였고
자로는 저돌적이었으며 염유와 자공은 든든하였다.
그래서 공자는 즐거웠다.
자로와 같은 이는 제 명을 다 누리기 어려울 것 같다고 하셨다.

자로가 '행행(行行)했다'는 표현은 실천력이 있다는 말이다. 그러나 행동이 너무 앞서는 성급한 사람이었던 것으로 알려진다. 그래서 공자는 자로에게 행동의 원칙으로 '의(義)'를 강조하였다. 사기 열전의 기록에 따르면 자로가 용기에 관해서 묻자 공자는 '의(義)'가 우선이라고 말하면서 "군자가 용기를 좋아하고 의가 없으면 나라가 어지럽고, 소인이 용기를 좋아하고 의(義)가 없으면 도둑이 된다"고 말하였다.

그러나 공자는 자로의 솔직하고 저돌적인 성격을 좋아했던 것으로 보인다. 그래서 공자는 즐거웠다. 자로는 궁금한 것이 있으면 주저함이 없이 물었다. 요즈음 말로 말하면 이것저것 따지는 성격이 아니라 솔직 담백했던 것이다. 공자가 선진편 서두에서 언급한 '야인(野人)'의 성격에 가까운 사람이다.

子曰 先進於禮樂 野人也 後進於禮樂 君子也 如用之則吾從先進
공자께서 말씀하셨다. "옛날 선배들의 예와 악은 야인이요 후배들의 예와 악은 군자답다고 하나 만일 이를 쓴다면 나는 선배를 따를 것이다."

주석은 공자가 당시 사람들이 질(質)보다는 문(文)을 중시하고 내용보다는 형식으로 치우침을 보고 그 균형자로서 자신은 오히려 문보다는 질을, 형식보다는 내용을 택하겠다고 한 것으로 보았다. 주석에서의 문(文)은 예악에 있어서 형식과 기교를 중시하는 것이고 질(質)은 예악에 있어 내용과 바탕을 중시하는 것이다. 공자는 중용의 도를 강조하였으므로 문(文)과 질(質)이 조화를 이루는 것을 원했다. 그러나 당시의 시대적 상황이 형식으로 치우쳐 있기 때문에 내용에 방점을 두어 말했다.

공자는 자로를 인간적으로 좋아했기 때문에 자로가 제명을 온전히 보존하지 못할 것을 염려했다. 실제로 자로는 춘추전국시대에 위나라 관리로 살다가 공회의 난(難)에 휩쓸려 죽게 된다. 공자의 염려가 현실이 되었다.

공자는 자로를 받아들여 교육을 통해 의를 가르쳤다. 자로는 공자의 가르침대로 실천하는 삶을 살았다. 그러나 그의 성격은 결국 그의 운명을 결정지었다. 자로에게 부족한 것은 역사를 읽는 안목과 깨달음이었다. 상황을 읽는 종합적 판단력이 미흡했던 것으로 보여진다. 공자가 보았던 종합적 판단 능력은 중용의 자세와 입장을 견지하는 데서 비롯된다.

子貢問 師與商也 孰賢 子曰 師也過 商也 不及 曰 然則師愈與
子曰過猶不及

자공이 물었다. "자장(師)과 자하(商)는 누가 현명한 사람입니까?"
공자께서 말씀하셨다. "자장은 지나치고 자하는 모자란다." 자공이 말하였다.
"그러면 자장이 더 낫습니까?"
공자께서 말씀하셨다. "지나친 것은 부족함과 같다."

자공과의 대화에서 공자는 지나침이 부족함과 같다는 말로 중용의 자세를 강조했다. 자로의 경우에도 공자의 눈에는 조금 지나친 점이 있었다. 오늘날의 언어로 말한다면 2% 지나친 것이었다.

子曰 由之瑟 奚爲於丘之門 門人 不敬子路 子曰 由也 升堂矣 未入於室也

공자께서 말씀하셨다.

"중유(자로)의 고르지 못한 거문고를 어찌 내 문 안에서 타느냐?"

문인들이 그 후로 자로를 무시하므로 공자께서 말씀하셨다. "유의 학문은
당(대청마루)에는 올랐으나 아직 방에 들어가지 못하였다."

공자는 자로의 학문이 낮은 것이 아니라 훌륭한 경지에 들어섰지
만 조금 미흡함을 위와 같이 비유적으로 표현하여 당(堂)에는 올랐으
나 방에 들어가지 못했다고 이야기 하고 있다.

공자와 자로의 인간관계는 서로 신뢰하였지만 스승의 눈에는 미흡
함이 있어 자로의 정진을 독려하였다. 공자는 자로의 성격을 학문을
통해 중용과 조화의 경지에 이르게 하려 했다. 공자는 수신을 통해
얻어진 인격이 그 사람의 행복과 운명을 결정한다고 보았던 철저한
현실주의자로 수신에 있어 무엇보다 실천을 강조했다. 그래서 또한
자로를 누구보다 사랑했다.

수신의 길

안연편(顏淵篇)

논어 안연편의 첫 장에 따르면 수신(修身)의 길은 극기복례(克己復禮)로 요약된다.

顏淵 問仁 子曰 克己復禮爲仁 一日克己復禮 天下歸仁焉
爲仁由己而由人乎哉
안연이 인을 물으니, 공자께서 말씀하셨다.
"자기의 사욕을 누르고 예로 돌아가는 것이 인(仁)함이니, 하루라도 자기의 사욕을
극복하고 예로 돌아가면, 천하가 인으로 돌아갈 것이다. 인하는 것은 자신으로부터
비롯되는 것이니 어찌 남에게서 말미암을 수 있겠느냐?"

극기(克己)가 수신의 자세와 태도를 말한다면 복례(復禮)는 수신의
실천인 언어와 행동을 의미한다. 극기는 자신을 통제하는 수렴적 자
세라기보다는 자신을 확대하는 끊임없는 성장을 지향한다. 자신의

외연을 넓히고 능력을 신장시키는 것이다. 주석에 따르면 사욕(私慾)을 초월하여 공적 비전과 책임을 자신에게 부단히 제기하는 태도이다.

복례(復禮)는 예(禮)를 되찾는다는 의미로 아시다시피 유가는 성선 설을 믿는다. 유가의 '예(禮)'는 인간이 본래부터 가지고 태어나는 천리 (天理)를 밖으로 나타내는 행동이다. 모든 인간은 예를 나타낼 수 있 는 가능성을 가지고 태어난다. 그 가능성을 인간관계와 사회 속에서 말과 행동으로 실천하는 것이 예(禮)다.

수신의 기본 원칙은 '자기가 원하지 않는 바를 남에게 행하지 않는 다(己所不欲勿施於人)'는 인간관계의 황금률을 지키는 것으로부터 시작 한다.

仲弓問仁 子曰 出門如見大賓 使民如承大祭 己所不欲勿施於人 在邦無怨
在家無怨
중궁이 인을 물으니 공자께서 말씀하셨다.
"문밖을 나서면 큰 손님을 보는 것 같이 공손하며, 백성을 부림에는 큰 제사를
받드는 것 같이 하며, 자기가 싫어하는 바를 남에게 행하지 아니하면, 조정에
있어도 원망이 없으며, 집에 있어도 원망이 없느니라."

공자에게 있어 수신(修身)의 태도는 '불우불구(不憂不懼)'한 자유의 경지를 지향한다. 마음에 부끄러움이 없는 당당함이 극기를 통해 얻어 지는 군자의 진정한 용기이다.

司馬牛 問君子 子曰 君子 不憂不懼 曰 不憂不懼 斯謂之君子矣乎 子曰
內省不疚 夫何憂何懼

사마우가 군자에 대해 물으니, 공자께서 말씀하셨다.

"군자는 근심하지 아니하고 두려워하지 아니하니라."

사마우가 말했다. "근심하지 아니하고 두려워하지 않으면 이것을 군자라고
이릅니까?"

공자께서 말씀하셨다. "마음 속으로 반성하여 허물이 없으면 무엇을 근심하고
무엇을 두려워하겠느냐?"

공자는 언행(言行)에 유념할 것을 힘주어 말한다. 사람의 말이 중요
한 것은 첫째, 말에는 언제나 책임이 따른다는 점이다.

司馬牛問仁 子曰 仁者 其言也訒, 曰 其言也訒 斯謂之仁矣乎 子曰 爲之亂
言之得無訒乎

사마우가 인에 대해 물으니 공자께서 말씀하셨다. "어진 이는 그 말이 쉽게 나오지
않고 어려우니라."

사마우가 말했다. "그 말을 어려워하면 곧 인이라고 이릅니까?"

공자께서 말씀하셨다. "실천하기가 어려우니 말하는 것이 어찌 어렵지
아니하겠느냐!"

공자가 말한 말의 어려움은 늘 책임을 염두에 두고 말해야 한다는
것이다. 말에 대한 책임은 말을 실천으로 옮기는 것이다. 실천하지 못할
말이 남발될 때, 개인은 물론 그 공동체의 믿음과 신뢰가 바로 서지
못한다.

子貢 問政 子曰 足食足兵 民信之矣, 子貢 曰 必不得已而去於斯三者
何先 曰 去兵, 子貢曰 必不得已而去於斯二者 何先 曰 去食 自古皆有死
民無信不立

자공이 정사를 물으니, 공자께서 말씀하셨다. "먹을 것을 풍족하게 하며 군대를
넉넉하게 하며 백성이 믿게 하는 것이니라."

자공이 말하셨다. "반드시 마지못하여 버린다면, 이 세 가지 가운데서 어느 것을
먼저 버리리까?"

공자께서 말씀하셨다. "군사를 버려라."

자공이 말하셨다. "반드시 마지못하여 버린다면 이 두 가지 중에서 어느 것을 먼저
버리리까?"

공자께서 말씀하셨다. "먹는 것을 버릴 것이니, 예로부터 다 죽음이 있지만
백성에게 믿음이 없으면 나라가 서지 못한다."

공자가 언행을 중시한 가장 큰 이유는 한 공동체의 존폐가 말에 의해서 결정된다고 보았기 때문이다. 한 공동체를 가능하게 하는 핵심은 신뢰를 확립하는 것이고, 그 신뢰는 말에 의해서 결정되기 때문이다. 우리가 말에 책임을 지지 않을 때, 인간과 인간 사이의 신뢰가 무너지고, 신뢰가 무너지면 한 공동체를 가능하게 하는 소통(communication)이 불가능하게 된다. 공동체의 구성원이 마음과 마음을 주고받는 소통이 불가능하게 되면 피가 돌지 않는 몸과 같이 공동체가 소멸하게 된다. 우리는 역사를 통해서 한 사회와 국가가 불통과 불신으로 인하여 소멸한 경우를 많이 볼 수 있다.

공자는 말에 책임을 질 줄 아는 태도를 강조하면서 말로 다투는 것을 경계하였다.

子曰 聽訟 吾猶人也 必也使無訟乎

공자께서 말씀하셨다. "송사를 판결함은 나도 다른 사람만큼 할 수 있지만 반드시
송사가 없도록 해야 하리라."

주석에 따르면 송사는 그 끝을 다스려 기본 흐름을 막는 것이다.
따라서 그 기본을 바르게 하고 그 마음(根源)을 맑게 하면 송사를 막
을 수 있다. 공자의 수신은 극기(克己)로 마음을 다스리고 능력을 신장
시키며 예를 통해서 행동의 기본인 언행을 바르게 하는 것이다.

인재(人材)의 선발

헌문편(憲問篇)

유가가 본 인재의 기준은 '도(道)'와 '능(能)'이란 개념으로 요약될 수 있다. 인재 선발에 있어서도 이 두 가지 측면은 인재를 판단하는 두 개의 축이라고 볼 수 있다. '도(道)'가 그 사람의 꿈과 안목을 의미한다면, '능(能)'은 그 사람의 업무 처리능력이라 할 수 있다. '도(道)'가 그 사람의 인간성에 초점이 맞추어져 있다면 '능(能)'은 그의 전문성에 초점이 맞추어져 있다. '도(道)'가 천명(天命)과 맥을 함께 하는 선천적 요소가 많이 작용한다면, '능(能)'은 사회적 요구와 개인의 노력이 많이 작용하는 후천적 요소이다. '도(道)'가 깨달음에 의해 강화된다면, '능(能)'은 실천과 훈련에 의해 튼실해진다. '도(道)'가 뼈대를 이루는 원칙과 목표라면, '능(能)'은 목표를 성취하기 위한 역할 수행으로부터 얻어지는 근력과 같은 것이다. 또한 '도(道)'와 '능(能)'은 서로 분리되는 개념이 아니라 뼈대와 근육처럼 상호보완적 개념이다. 어느 한 가지가 부실하면 다른 하나가 위협받는다.

子曰 愛之 能勿勞乎 忠焉 能勿誨乎

공자께서 말씀하셨다. "사랑한다고 수고롭게 하지 않을 것인가? 진실하다고
가르치지 않을 것인가?"

주석에 따르면 사랑도 힘써 행동으로 옮겨야 튼실해지고, 진실도
배움과 교육을 통해 깨우침을 돈독히 해야 한다. '애(愛)'와 '충(忠)'이
도(道)라면 '노(勞)'와 '회(誨)'는 능(能)이다. 도(道)가 일반 개념이라면
능(能)은 구체적인 실천을 의미한다. 구체적인 실천이 부족한 도는
공허하고, 도와 목표의식이 부족한 실천은 방향 감각을 상실한 맹목
이 될 수 있다.

子曰君子道者 三 我無能焉 仁者不憂 知者不惑 勇者不懼

공자께서 말씀하셨다. "군자의 도가 세 가지인데, 나는 잘할 수 있는 것이 한
가지도 없도다. 어진 이는 근심하지 않고, 지혜로운 이는 유혹되지 않고, 용감한
자는 두려워하지 않는다."

군자가 가져야 할 도(道)로 공자는 인(仁), 지(知), 용(勇)을 들었다.
인(仁)이 자애로운 마음을 의미한다면, 지(知)는 마음의 깨달음을
의미하고, 용(勇)은 마음의 태도를 뜻한다. 도(道)가 마음의 덕을 의미
한다면, 능(能)은 마음의 운용과 실천을 의미한다. 다시 말하면 '능(能
)'은 요즘의 용어를 빌린다면 기술적(technical)인 영역에 속한다고 볼
수 있다.

子問公淑文子於公明賈曰 信乎夫子 不言不笑不取乎
公明賈 對曰 以告者過也 夫子 時然後言 人不厭其言 樂然後笑 人不厭其笑
義然後取 人不厭其取

공자께서 공숙문자에 대해 공명가에게 물었다. "진실로 그 사람은 말도 아니하며,
웃지도 아니하고 재물도 취하지 아니 하더냐?"

공명가가 대답했다. "그 말씀을 아뢴 이가 지나쳤습니다. 그분은 때가 된 뒤에
말하므로 사람들이 그 말을 싫어하지 않고, 즐거운 다음에 웃으므로 사람들이
그 웃음을 싫어하지 않고, 의로운 다음에 재물을 취하므로 사람들이 그 취함을
싫어하지 않습니다."

위의 대화에 따르면 공숙문자(公淑文子)는 언행이 때를 기다릴
줄 알고, 재물을 다룰 때는 정당하고 의로운 것인가 묻고 취하였다.
이는 현실 생활에서의 행동과 이재(理財)에 대한 운용 능력과 기술
(techniques)이 중요하고 필요한 것임을 시사한다.

'능(能)'의 문제는 오늘날의 사회에 적용하면 생활 능력과 전문적
기술을 포괄하는 의미로 이해할 수 있다. 현실 문제를 풀어 가기 위
해 요구되는 능력은 실천과 훈련을 통해 강화된다. 특히, 그 말이 실
행보다 지나침을 경계하였다.

子曰 君子 恥其言而過其行
공자께서 말씀하셨다. "군자는 그 말이 실행보다 지나침을 부끄러워한다."

일상생활에서 말과 행동은 인간 신뢰의 근간으로 소중하다. 말은 너무 빨라도 안 되지만 적당한 때를 놓친 말은 그 효율성이 떨어진다. 그러나 말에는 책임이 따르므로 공적 언어는 알맞은 때에 알맞은 언어로 표출되어야 한다.

한편, 인재의 기준으로 제시될 수 있는 또 하나의 기준은 '도(道)'와 '능(能)'에 이르는 방법이 철저하게 자기 주도적으로 이루어져야 한다는 점이다. 공자의 인재 양성 방법은 그 시작과 끝이 '수기(修己)'라고 할 만큼 철저한 자기 관리와 훈련을 강조한다.

子曰 古之學者 爲己 今之學者 爲人
공자께서 말씀하셨다. "옛날 학자는 자기를 위하였는데,
오늘날의 학자는 남을 위한다."

학문의 첫 번째 초점은 자신을 바로 아는 것이고 이런 자세는 우주와의 조화를 가능하게 한다. 그러나 남에게 초점을 맞추는 것으로 시작하면 주석자의 우려처럼 자기 정체성에 손상을 가져올 수 있다. 물론 '안인(安人)'의 자세가 요청된다. 그러나 수신(修身)이 토대가 된 안인(安人)이 이루어져야 한다.

子路 問君子 子曰 修己以敬 曰 如斯而已乎 曰 修己以安人 曰 如斯而已乎
曰 修己以安百姓 修己以安百姓 堯舜其猶病諸
자로가 군자에 대하여 물으니,
공자께서 말씀하셨다. "몸을 닦되 공경으로서 하니라."

자로가 말했다. "이와 같이 할 뿐입니까?"

공자가 다시 말씀하셨다. "몸을 닦아서 사람을 편안히 하니라."

자로가 말했다. "이와 같이 할 뿐입니까?"

공자가 말씀하셨다. "몸을 닦아서 백성을 편안히 하니라. 몸을 닦아서 백성을 편안히 하는 것은 요순도 오히려 걱정으로 여기셨다."

요약한다면 유가의 인재 선발 기준은 '도(道)'와 '능(能)'을 구비한 자를 높이 평가한다. 하지만 그것이 결과가 아닌 지속적인 과정으로서 '수기(修己)'로 표현되는 자기 주도적 혁신과정을 거쳐 형성되어야 한다.

꼼꼼한 자기 관리

위령공편(衛靈公編)

유가의 기본적인 생활 태도는 꼼꼼한 자기 관리이다. 인간의 덕(德)은 의리(義理)의 도(道)가 자기 자신에게서 나오지 않으면 진실로 실현될 수 없다고 보았다. 이는 철저한 자기 관리를 바탕으로 자신의 행동에 대해 책임감을 갖는 태도이다.

子曰 君子 求諸己 小人 求諸人

<論語 衛靈公編>

공자께서 말씀하셨다. "군자는 행동에 대한 책임을 자기에게 돌이켜서 찾고,
소인은 남에게서 찾는다."

유가의 자기 관리는 철저하고 꼼꼼한 말과 행동의 관리를 의미한다.

子張 問行 子曰 言忠信 行篤敬 雖蠻貊之邦行矣 言不忠信 行不篤敬 雖州里
行乎哉
자장이 행실을 물으니 공자께서 말씀하셨다.
"말이 진실하고 미더우며, 행실이 돈독하고 공경스러우면 비록 오랑캐의
나라에서도 행동할 수 있으려니와 말이 진실하고 미덥지 못하며 행실이 도탑고
공경하지 못하면 비록 고향 마을인들 행동할 수 있겠느냐?"

말은 진실하고 믿음이 있어야 한다는 것은 정직하고 알맞아야 한다
는 말이 된다. 우리는 말이 너무 많거나 지나칠 경우 믿음직스럽다고
말할 수 없다. 그러나 현대 사회를 살아가면서 말을 적절히 사용하지
못하는 것도 문제다.

子曰可與言而不與之言 失人 不可與言而與之言 失言 知者 不失人 亦不失言
공자께서 말씀하셨다. "더불어 말할 만한데 말을 하지 않으면 사람을 잃고, 더불어
말할 수 없는데 더불어 말하면 말을 잃을 것이니, 지혜로운 이는 사람을 잃지
아니하며, 또한 말을 잃지 않는다."

말은 우선 상대에 맞는 말을 해야 한다. 상대의 이해 수준에 맞지
않는 말은 실언이 된다. 물론 불필요한 많은 말이나 지나친 말도 실언
이 된다. 그러나 꼭 말해야 할 때 침묵을 지키는 것은 사람을 잃을
수 있다. 인간관계에 있어 말은 중요하다. 사랑과 감사의 마음이 말에
의해서만 전달되는 것이 아니지만 말로 적절히 표현될 때 우리의 인간
관계는 더욱 도타운 신뢰를 형성할 수 있다. 넓은 의미에서 보면 얼굴

표정이나 몸짓도 언어 표현의 하나라고 볼 수 있다. 너무 지나친 말로 신뢰를 잃는 것도 문제지만 표현이 부족하여 인간관계의 단절과 틈새가 큰 것도 문제이다. 한편 우리는 의사소통을 통하여 자신의 부족한 점을 발견하고 계발하는 계기(motive)를 마련할 수 있다.

子曰 不曰 如之何如之何者 吾未如之何也已矣

공자께서 말씀하셨다. "어떻게 하나 어떻게 하나를 말하지 않는 이는 나도 어떻게 하지 못할 뿐이다."

교육의 원초적 모습은 이른바 대화를 통해 구현되었다. 소크라테스가 그의 제자들과 나눈 대화가 향연이라는 인류의 고전이 되었고, 기독교의 복음서도 예수와 그의 제자들의 대화로 이루어졌다. 아시다시피 지금 우리가 다시 읽고 재해석해 보는 논어(論語) 역시 공자와 그의 대화로 이루어져 있다. '깨달음'의 가장 원초적인 도구가 말이고 그 방법이 대화이다. 다른 시각에서 보면 자기 성찰이란 알고 보면 진정한 자아와의 만남과 대화를 통해 이루어지는 과정이라고 말할 수 있다.

하지만 공자는 사람을 판단함에 있어 말만을 의지해서는 안 되고 말과 실체를 함께 보아야 함을 분명히 했다.

子曰 君子不以言擧人 不以人廢言

공자께서 말씀하셨다. "군자는 말만을 듣고서 사람을 천거하지 않으며, 사람 때문에 그 말까지 버리지 않는다."

위의 말은 말 때문에 사람을 잃거나, 사람에 대한 편견 때문에 말을 제대로 보지 못하는 오류를 범해서는 안 된다는 것을 의미한다. 말이 전부는 아니지만 말로 표현된 것은 그 사람을 판단하는 좋은 준거가 될 수 있다.

한편, 말과 더불어 자기 관리의 또 하나의 중요한 축은 행동이다. 유가에서의 행동 황금률은 내가 원하지 않는 것을 남에게 행하지 말라는 것이다.

子貢問曰 有一言而可以終身行之者乎 子曰 其恕乎 己所不欲 勿施於人
자공이 물었다. "한마디 말로 종신토록 행할 만한 것이 있습니까?"
공자께서 말씀하셨다. "마음을 함께 하는 것이다! 내가 하고자 하지 않는 바를
남에게 행하지 말지니라."

남의 잘못에 대해서는 관대한 용서와 이해가 요구된다. 그러나 자신의 잘못에 대해서는 철저하게 고쳐 나가야 한다.

子曰 過而不改 是謂過矣
공자께서 말씀하셨다. "잘못하고도 고치지 않는 것, 이를 일러 허물이라 하느니라."

아울러 공자는 행동에 있어서도 말과 마찬가지로 편견을 갖지 말아야 함을 강조한다.

子曰 衆惡之 必察焉 衆好之 必察焉

공자께서 말씀하셨다. "뭇 사람이 미워하더라도 반드시 살펴보며, 뭇 사람이 좋아할지라도 반드시 살필지니라."

공자는 인간관계에 있어서도 편견과 치우침이 없는 균형 감각을 가져야 한다고 보았다.

子曰 君子 矜而不爭 群而不黨

공자께서 말씀하셨다. "군자는 장중하여 다투지 아니하며, 함께 모이되 무리를 지어 한쪽으로 치우치지 아니하니라."

유가의 자기 관리는 추상적인 것이 아니라 말과 행동으로 표현되는 것을 구체적으로 꼼꼼히 관리하는 것을 의미한다. 따라서 유가의 자기관리는 사회적일 뿐 아니라 사회적 타당성을 확보하게 된다. 그러면서도 언제나 그 중심은 균형 감각을 잃지 않는 건강한 자기 정체성에 기반을 두고 있다.

평화의 길

계씨편(季氏篇)

논어 계씨편에 보면 공자가 염유, 계로와 더불어 대화를 하면서 계씨가 노나라에 붙어 있는 작은 나라인 전유(顓臾)를 힘으로 정복하려 하자 공자는 이를 비판하면서 문덕(文德)으로 교류할 것을 권한다.

> 夫如是故 遠人不服則修文德以來之 旣來之則安之
> 이러한 까닭으로 먼 데 사람이 따르지 않으면 문덕(문화와 덕행)을 닦아서 오게
> 하고, 이미 왔으면 곧 평안케 할지니라.

이 말은 문화 교류와 더불어 서로 도움으로써 덕행을 쌓아 나갈 때 평화가 이룩되는 것이지 무력의 사용은 평화의 길이 아님을 분명히 하고 있다. 특히 이웃과의 관계에 있어 공자는 균형과 화합 및 상하 간의 공존을 강조하였다.

丘也 聞有國有家者 不患寡而患不均 不患貧而患不安 蓋均無貧 和無寡
安無傾

내가 들으니 나라를 두고 가정을 둔 이는 적음을 근심하지 않고 고르지 못함을
근심하며, 가난함을 근심하지 않고 편안치 않음을 근심한다고 하니, 대개 고르면
가난함이 없고, 화합하면 백성이 부족하지 않으며, 편안하면 기울어짐이 없느니라.

　

주석에 따르면 여기에서의 '균(均)'은 각자 그 분수와 역할에 합당
하게 얻는 것을 의미하고, '안(安)'은 상하 간에 공존과 평화를 의미한
다. 다시 말하면 백성의 수와 경제적 규모도 중요하지만 공존과 화합
이 소중함을 일깨우고 있다.

국가 간의 관계에서는 문화외교, 상호협조를 강조하고 국가 내부에
서는 배분과 공존을 강조하였다. 또한, 인간관계의 지속적인 발전과
평화를 위해 공자는 세 가지를 강조하고, 세 가지는 지양할 것을 권
하였다.

　

孔子曰 益者三友 損者三友 友直 友諒 友多聞 益矣 友便辟 友善柔 友便佞
損矣

공자께서 말씀하셨다. "이로운 세 벗이 있고, 해로운 세 벗이 있다.
벗이 정직하여 자신의 잘못을 듣고, 벗이 성실하며, 벗이 지식이 많으면 유익하다.
벗이 편벽되고 아첨하며 말만 번지르르 하면 해롭다."

　

공자가 지적한 평화의 길은 진실이 그 으뜸이고 가장 경계해야 할
것이 편벽된 것이다. 진실한 사람은 자신의 잘못을 듣고 고칠 줄 아

는 사람이고 편벽된 사람은 균형 감각을 상실한 사람으로 아첨하는 말을 좋아한다.

　아울러 공자는 행복한 인간관계를 맺고 이를 유지하기 위하여 절제와 품격이 중요함을 강조하였다.

孔子曰 益者 三樂 損者 三樂 樂節禮樂 樂道人之善 樂多賢友 益矣 樂驕樂
樂佚遊 樂宴樂 損矣
공자께서 말씀하셨다.
"유익한 세 가지 좋아함이 있고, 해로운 세 가지 좋아함이 있다.
예악을 절제함을 좋아하며, 다른 사람의 착한 것을 말하기를 좋아하고, 어진 벗이
많은 것을 좋아하면 유익하다.
지나친 쾌락을 좋아하고, 편안히 노는 것을 좋아하며, 향연을 벌려 놀기를
좋아하면 해가 된다."

　인간관계든 국가관계든 선린우호를 위해 절제를 바탕으로 함께 즐기고 상대방의 장점을 말하는 것은 권장 사항이다. 그러나 쾌락 그 자체에 빠져 절제할 줄 모르는 것은 경계해야 한다.

　공자는 평화를 위협하는 다툼과 갈등이 나 자신의 욕망에 그 뿌리를 두고 있으므로 스스로 절제할 줄 아는 삶의 태도가 중요하다고 보았다.

孔子曰 君子有三戒 少之時血氣未定 戒之在色 及其壯也 血氣方剛
戒之在鬪 及其老也 血氣旣衰 戒之在得

공자께서 말씀하셨다. "군자는 세 가지 절제할 일이 있으니, 젊었을 때는 혈기가
아직 정해지지 않았으니 절제함이 여색에 있고, 장성해서는 혈기가 강하기 때문에
절제함이 다툼에 있고, 늙어서는 혈기가 이미 쇠하였으니 절제함이 탐욕에 있다."

공자는 행동뿐만 아니라 원만한 인간관계를 위해 말이 소중하다고
보았고 특히 상하 간의 원활한 소통을 위해 때를 기다려 말할 줄 아는
지혜가 필요하다고 보았다.

孔子曰 侍於君子 有三愆 言未及之而言 謂之躁 言及之而不言 謂之隱
未見顔色而言 謂之瞽

공자께서 말씀하셨다. "군자를 모심에 세 가지 허물이 있나니, 말씀이 아직 이르지
아니하였는데 말하는 것을 조급하다 하고, 말씀이 이르렀는데도 말하지 아니하는
것을 숨긴다고 하고, 얼굴빛을 보지 않고 말하는 것을 소경이라 하니라."

위의 말씀은 오늘날의 원활한 대화를 위해서도 눈여겨 보아야 할
점이다. 대화의 원칙은 한 방향이어서는 안 된다. 쌍방이 말하기와 듣
기를 교환하여야 하며, 대화에 관심을 보임을 나타내야 한다. 상대방
에게 대화에 적극적으로 참여하고 관심을 보임을 보이는 것이 눈 맞춤
(eye-contact)이다. 특히 표정은 대화에 참여하는 사람이 자신의 말에
대하여 어떤 태도를 보이고 있는지 알 수 있는 귀중한 정보의 통로이다.

일 처리의 일관성

자장편(子張篇)

유가(儒家)에게 있어 일관성은 존재의 유무를 판단하는 중요한 척도가 된다. 일관성은 처음과 끝이 있는 것이고, 큰일과 작은 일을 모두 소중히 하는 꼼꼼한 일 처리 방식이다.

子夏 聞之曰 噫 言游過矣 君子之道 孰先傳焉 孰後倦焉 譬諸草木區以別矣
君子之道焉可誣也 有始有卒者 其惟聖人乎

자하가 듣고 말했다.

"아아! 자유(子游)의 말이 지나치도다. 군자의 도에 어느 것을 먼저 가르치고 어느 것을 뒤로 게을리 하겠느냐? 초목에 비유하면 구역으로서 분별하나니 군자의 도를 어찌 속이리오. 시작을 두고 끝을 맺는 것은 오직 성인이다."

위의 대화는 자유가 자하의 제자들이 물 뿌리고 쓸고 응하고 나아가고 물러나는 일은 잘하나 이와 같은 일들은 말단의 일이고 근본이 없다고 비판한 데 대한 자하의 답변이다. 물론 배움에는 어려운 것과 어려움이 있어 수준에 맞추어 먼저 배울 것과 나중 배울 것이 있다. 그러나 쉽고 가벼운 일이라고 소홀히 하거나 무시하는 것은 전체를 그르치는 일이다. 작은 일을 잘 처리할 수 있는 사람이 큰일도 잘 해낼 수 있다.

한편, 자하는 먼 길을 가기 위해 먼저 할 일과 나중 할 일이 있고 일 처리에 있어 일관성 있는 긴 안목이 요구된다고 보았다.

子夏曰 雖小道 必有可觀者焉 致遠恐泥 是以君子不爲也
자하가 말했다. "비록 작은 도라도 반드시 볼 만한 것이 있는 것이나 먼 길을 감에 길이 막힐까 두려운지라 군자가 하지 않느니라."

주석에 따르면 백가(百家)와 많은 사람의 이야기가 모두 들어보면 눈을 밝게 하나 서로 통할 수 없으므로 일관성에 문제가 있다고 보았다. 먼 길을 감에는 일관성이 중요하므로 우리는 처음과 끝이 소통하는 안목이 요청된다. 이는 일부분이 아닌 전체를 볼 수 있는 통찰력을 필요로 한다. 우리가 작은 것에 너무 함몰되어 있어 큰 것을 보지 못하는 폐단은 막아야 한다.

子夏曰 日知其小亡 月無忘其所能 可謂好學也已矣
자하가 말했다. "날마다 그 모르는 바를 알며, 달이 지나도록 그 능한 바를 잊지 아니하면 배움을 좋아한다고 할 것이다."

·

子夏曰 博學而篤志 切問而近思 仁在其中矣
자하가 말했다. "널리 배워 뜻을 두터이 하고, 물음을 절실히 하여 생각을 가까이하면, 인이 그 가운데 있느니라."

자하가 생각한 배움의 일관성은 박학(博學)과 절문(切問)을 통한 의지와 생각의 건실함을 의미한다. 이 의지와 생각은 행동이 수반되는 진정한 깨달음에 이르는 길이다.

子夏曰 百工居肆 以成其事 君子 學以致其道
자하가 말하기를 "모든 기술자는 저자에 살면서 그 일을 이루고 군자는 배워서 그 도에 다다른다."

자하가 생각한 배움의 결과는 내면의 기쁨에 그치는 것이 아니라 장인들이 기술(technology)을 사용하여 물건을 생산해 내듯이 객관적으로 들어나는 변화가 있어야 한다고 보았다. 그 변화는 꾸밈이 아니라 진솔한 외면의 변화를 뜻하며 실생활에 이로움을 줄 수 있어야 한다.

子夏曰 小人之過也 必文
자하가 말했다. "소인의 허물은 반드시 꾸밈이니라."

•

子夏曰 君子 有三變 望之儼然 卽之也溫 廳其言也厲

자하가 말했다. "군자의 모습에는 세 가지 변함이 있으니, 멀리 바라보면 엄숙하고,
앞에 나아가면 온화하고, 그 말을 들으면 명확하니라."

자하가 보았던 인문학의 결과는 언어적으로는 명확하고 그 사람의
행동 태도는 엄숙함과 온화함을 갖추게 된다. 이는 자하가 보았던 경
험의 결과라고 할 수 있다. 이와 같은 언어와 행동 태도는 인간관계에
서 믿음을 획득할 수 있고 이 믿음이 정치적 리더십(leadership)의 기초가
된다고 보았다.

子夏曰 君子 信而後勞其民 未信則以爲厲己也 信而後諫
未信則以爲謗己也

자하가 말하기를 "군자는 신망을 얻은 다음에 백성을 부려야 할 것이니, 신망이
있지 아니하면 자기들을 해친다고 할 것이다. 신망을 얻은 뒤에 충고해야 할 것이니
신망이 있지 아니하면 자기들을 비방한다고 할 것이다."

요약하면 말과 행동(일처리)의 일관성을 통해 우리는 정치적 리더십
을 고양시킬 수 있고 이 지도력이 우리 사회를 변화시킬 수 있다. 비유적
으로 말한다면 유가의 일관성은 다양한 목소리와 소재를 지닌 보석
들을 하나로 묶을 수 있는 실과 같은 것이라 볼 수 있다. 오늘날 우리
가 중시하는 소통과 통섭은 다양한 목소리와 소재를 묶어 새로운 것
을 창출해 낼 수 있는 가치(道)와 일관성을 요구한다.

3장_ 소통의 길(道)

子貢 問政 子曰 足食足兵 民信之矣, 子貢 曰 必不得已而去於斯三者 何
先 曰 去兵, 子貢曰 必不得已而去於斯二者 何先 曰 去食 自古皆有死 民
無信不立

<論語 顏淵篇>

자공이 정치에 대해 묻자 공자께서 말씀하셨다. "민생을 풍족하게 하고
국방을 튼튼히 하면 민중이 이를 믿는다." 자공이 말하였다. "부득이 버린다면
이 세 가지 가운데 어느 것을 먼저 버립니까?" "군사를 버려라." 자공이 말했다.
"남은 두 가지 가운데서 부득이 버린다면 어느 것을 먼저 버립니까?" "민생(먹는
것)을 버릴 것이니 예로부터 다 죽음이 있었지만, 민중에게 믿음이 없으면 나라
가 서지 못한다."

사람의 마음을 보라

공야장(公冶長)

논어 제5권 공야장(公冶長)에는 사람들에 대한 인물평을 읽을 수 있다. 공자는 '공야장(公冶長)'이란 인물에 대해 비록 옥중에 매여 있지만 자기의 딸을 그의 아내로 삼게 하였다. 이는 포승줄에 묶여 있을 지라도 스스로에게 죄가 없다면 믿을 수 있다는 말이 된다. 나라에 도가 없으면 무고한 사람도 옥중에 있을 수 있다고 보았다.

공자는 그의 제자 옹(雍)에 대해 말재주보다는 어진 마음 그 자체가 소중함을 강조한다.

或 雍也 仁而不佞

子曰 焉用佞 禦人以口給 屢憎於人 不知其仁 焉用佞

어떤 사람이 말하였다. "옹은 어질지만 말재주가 없도다."

공자께서 말씀하셨다. "어찌 말재주를 쓰겠는가? 사람을 대하는데 말재주로서 하면 자주 사람에게 미움을 받을 것이니 그 인간됨은 알지 못 하지만 어찌 말재주를 부리겠느냐?"

공자의 표현을 빌리자면 말재주를 부리는 것은 인간관계의 불신을 초래하는 것이다. 이 말은 사람을 볼 때 말재주만을 보아서는 안 된다는 경계의 말이기도 하다. 사람을 봄에 있어 어진 마음을 보는 것이 지난한 길임을 공자는 여러 번 거듭하여 보여 준다.

孟武伯 問 子路 仁乎 子曰 不知也
맹무백이 물었다. "자로는 어집니까?"
공자께서 말씀하셨다. "알지 못하겠노라."
又問 子曰 由也 千乘之國 可使治其賦也 不知其仁也
또 물으니 공자께서 말씀하셨다. "유(由)는 천승의 나라에 그 군사를 다스릴 수는 있으나 그 인자함은 알지 못하겠다."
求也 何如 子曰 求也 千室之邑 百乘之家 可使爲之宰也 不知其仁也
맹무백이 물었다. "구(求)는 어떠합니까?"
공자께서 말씀하셨다. "구는 천실의 고을과 백승의 집에 관리장이 될 수 있지만 그 인(仁)함은 알지 못하겠다."
赤也 何如 子曰 赤也 束帶立於朝 可使與賓客言也 不知其仁也
맹무백이 물었다. "적(赤)은 어떠합니까?" 공자께서 말씀하셨다. "적은 관복을 입고 조정에 서서 빈객과 더불어 말하게 할 수 있으나 인(仁)함은 알지 못하겠다."

맹무백과의 대화에서 겉으로 나타나는 사람의 능력은 말할 수 있지만 그 마음을 알 수 없다고 거듭 말하고 있다. 이는 사람의 마음을 알기 어려움을 거듭하여 강조하고 있다. 공자는 사람의 마음을 보는 방법에 대해 직접적으로 언급하지 않았지만, 그가 사람을 보는 방법은 사람의 말에 그 방점이 있는 것이 아니라 행동과 태도에 있음을 엿볼 수 있다.

子曰 始吾於人也 聽其言而信其行 今吾 於人也 聽其言而觀其行
於予與 改是
공자께서 말씀하셨다. "이전에 나는 사람을 대할 때 그 말만을 듣고 그 행실까지
믿었지만 이제는 내가 사람을 대할 때 그 사람의 말을 듣고 그 행실을 살피니
재여(宰予)로 해서 사람 보는 태도를 고치게 되었다."

물론 위의 말은 재여(宰予)를 꾸짖어 한 말이지만 말을 듣는 것만으로는 부족하고 사람의 마음, 곧 사람됨을 알려면 행동을 보아야 함을 말하고 있다. 공자가 '인(仁)'함을 알 수 없다고 한 것은 사람됨을 알 수 없다는 말이기도 하다. '인(仁)'이란 말은 그 사람의 도덕성만을 말하는 것이 아니라 '사람됨' 전체를 의미하는 것이다. 따라서 지적인 면이 배제되는 개념이 아니다.

子謂子貢曰 女與回也 孰愈
공자께서 자공에게 말했다. "너와 안회는 누가 나으냐?"
對曰 賜也 何敢望回 回也 聞一以知十 賜也 聞一以知二
자공이 대답했다. "제가 어찌 감히 안회와 견줄 수 있겠습니까? 회(回)는 하나를
들으면 열을 알고, 저는 하나를 들으면 둘을 알 뿐입니다."
子曰 弗如也 吾與女 弗如也
공자께서 말씀하셨다. "같지 않다. 나와 너는 다 그만 못하느니라."

위의 대화에서 공자 자신보다도 높이 평가한 안회의 높은 도덕성은 어디에서 나오는 것일까? 자공(子貢)의 말을 빌리면 하나를 들으면 열을 아는 도덕적 감수성, 또는 소통의 능력이라고 볼 수 있다. 하나를 들

고 열을 안다고 하는 것은 하나를 듣고 그것에 대한 아홉 가지 맥락을 볼 수 있는 통찰의 능력이 있음을 시사한다. 다시 말하면 하나를 들으면 그 언표(言表)의 전체 맥락을 파악할 뿐 아니라 심층구조인 마음까지도 읽고 그 사람됨과 사랑을 행동으로 실천한 사람이었다.

오늘날 우리 사회가 안고 있는 소통(communication)의 문제점은 자신의 입장과 주장만 난무할 뿐 상대방의 입장과 마음을 이해하지 못하는 데서 비롯된다. 나아가 대화를 통한 이해에 이르고자 하는 행동의 부재로 말미암아 소통은 더욱더 어려워지고, 너와 나의 마음의 골도 깊어만 간다. 최근 우리 사회의 주요 화두가 되고 있는 '상처와 치유'는 나 자신과의 대화의 부재, 이웃과의 소통의 부재로부터 비롯된다. 상처의 치유 방법 역시 마음의 이해와 사랑의 실천을 통해 그 해답을 얻을 수 있다.

顔淵季路侍 子曰 盍各言爾志
안연과 계로가 공자를 모시었더니 공자께서 말씀하셨다. "각기 너의 뜻을 말하지
않겠느냐?"
子路曰 願車馬 衣輕裘 與朋友共 敝之而無憾
자로가 말했다. "원컨대 저는 수레와 말과 가벼운 가죽 옷을 벗과 함께 쓰다가
낡아지더라도 유감이 없고자 하나이다."
顔淵曰 願無伐善 無施勞
안연이 말했다. "원컨대 저는 잘한 것을 자랑하지 않으며 수고로움을 남에게
끼치지 않고자 하나이다."
子路曰 願聞子之志 子曰 老者 安之 朋友 信之 少者 懷之
자로가 말했다. "원컨대 선생님의 뜻을 듣고자 하나이다." 공자께서 말씀하셨다.
"늙은이를 편안히 하며, 벗을 믿으며, 어린이를 사랑함이니라."

위의 대화를 통해 살펴보면 자로는 물질적인 공유와 함께 나눔을 실천하기를 원했고, 안회는 자신의 공을 자랑하지 않으면서 상대방을 배려하는 태도를 원했다. 공자는 상하 좌우의 인간관계가 사랑으로 소통되기를 원했다.

'인(仁)'으로 표현되는 따뜻한 인간 사회의 실현을 위해 공자가 생각했던 비전은 사람의 진솔한 마음을 보고 소통함으로써 이해에 이르는 것이다. 이를 위해 공자가 내린 처방은 두 가지로 요약된다. 하나는 자기의 허물을 보고 스스로 개선하는 삶의 태도이고, 다른 하나는 배움을 사랑하고 꾸준히 깨우쳐 나가는 삶의 자세이다. 공자는 소통의 가장 큰 장애가 나 자신의 잘못된 생각과 욕심으로부터 비롯된다고 보았다. 따라서 자신의 마음을 보고 자신을 혁신하는 것이 따뜻한 인간 사회를 실현하는 길임을 보여준다.

子曰己矣乎 吾未見能見其過而內自訟者也
공자께서 말씀하셨다. "아아, 그만 두자! 나는 여지껏 자기의 허물을 보고 안으로
스스로 반성하는 이를 보지 못하였도다."

·

子曰 十室之邑 必有忠信如丘者焉 不如丘之好學也
공자께서 말씀하셨다. "십 호의 작은 고을에도 반드시 충성과 믿음이 나와 같은
사람이 있겠지만 나와 같이 배움을 좋아하는 사람은 없을 것이다."

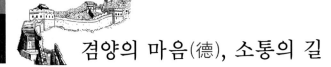

겸양의 마음(德), 소통의 길

태백편(泰伯篇)

논어의 태백편(泰伯篇)은 겸양의 덕을 강조하면서 시작된다.

子曰 泰伯 其可謂至德也已矣 三以天下讓 民無得而稱焉

공자께서 말씀하셨다. "태백은 지극한 덕을 지녔다고 일컬을 수 있다.

세 번이나 천하를 사양하였으되 은밀했으므로 백성이 얻어 듣고 칭송할 길조차

없었다."

겸양의 마음이 왜 중요한가? 그것은 너와 나의 소통을 위해 필요
하다. 비유적으로 말하면 눈높이를 맞추어야 하는데 큰 사람은 자세
를 낮추면 작은 사람에게 맞출 수 있다. 그러나 작은 사람이 키 큰 사람
에게 맞추기는 힘들다. 그것이 물리적인 높이가 아니라 지적인 측면, 인
격적인 측면이라면 낮은 사람이 높은 사람에게 맞추는 것은 불가능하
다. 높은 사람이 낮은 사람에게 맞추는 방법 밖에 없다. 따라서 소통

의 길은 높은 사람과 난사람이 낮은 사람과 조금 부족한 사람에게 겸양의 덕(德)을 발휘해야 한다.

증자는 안회(顔回)의 겸양의 마음을 다음과 같이 칭송한다.

曾子曰 以能 問於不能 以多 問於寡 有若無 實若虛 犯而不校 昔者吾友
嘗從事於斯矣

증자가 말했다. "유능하면서도 무능한 사람에게 묻고, 학식이 많으면서도 적은
사람에게 묻고, 도를 지녔는데도 없는 듯이 하며, 덕이 찼으면서 빈 듯이 하고,
남에게 욕을 당해도 따지고 다투지 않는 일들을 옛날 나의 벗 하나가 이를 따라
실천하였다."

안회가 보여준 겸양의 덕은 대화의 자세에 기초한다. 우리는 대화를 위해 묻기를 주저해서는 안 된다. 묻는다는 것은 모른다는 것을 노출하는 창피한 일이 아니다. 어른이 아이에게 물어야 하는 것은 실제로 어른은 아이의 마음을 잘 모르거나 이해할 수 없기 때문이다. 오늘날의 세대 차이 문제도 기성세대가 젊은 세대를 잘 알고 있다고 생각하면 오산이다. 왜냐하면 기성 세대가 경험했던 젊은 날은 오늘의 젊은이가 겪는 상황과 다르기 때문이다. 대화를 하다 보면 쓸데없는 오해도 받을 수 있고 욕을 당할 수도 있다. 그러나 우리는 대화를 통해서만 인간관계를 업그레이드할 수 있다.

한편, 겸양의 마음이 생활의 한 과정으로서 바르게 표현된 것이 예라고 할 수 있다. 공자는 예의 중요성을 다음과 같이 말한다.

子曰 恭而無禮則勞 慎而無禮則葸 勇而無禮則亂 直而無禮則絞
공자께서 말씀하셨다. "공손하되 예가 없으면 고생스럽고, 신중하되 예가 없으면
두렵고, 용맹하되 예가 없으면 어지럽고, 강직하되 예가 없으면 조급하다."

여기에서 말하는 예(禮)는 절제와 질서를 의미한다. 따라서 용맹하되 예(禮)가 없으면 어지럽고, 강직하되 예(禮)가 없으면 조급해지며, 공손하되 절제가 없으면 고생스럽다.

또한, 유가에서 말하는 예는 형식보다는 내용과 실천에 그 방점이 있다.

君子 所貴乎道者 三 動容貌 斯遠暴慢矣 正顏色 斯近信矣 出辭氣
斯遠鄙倍矣 籩豆之事則有司存
군자가 소중히 여겨야 할 도가 셋 있으니, 그 몸가짐에 난폭함과 거만함이 없어야
하며, 얼굴빛을 바르게 하여 신의가 있도록 해야 하며,
말을 함에는 천속함과 억지를 멀리해야 한다.
제기를 다루는 일은 담당자가 있으니 그에게 맡기면 된다.

위의 말씀에 따르면 제기를 다루는 일과 같은 형식의 문제는 담당자에게 맡기고 몸가짐과 얼굴빛 및 말을 바르게 실천해야 함을 주장하고 있다. 예의 실천이 중요한 것은 이를 통해 소통이 원활하게 이루어질 뿐만 아니라 그 개인과 집단의 인격이 결정되기 때문이다.

子曰 如有周公之才之美 使驕且吝 其餘 不足觀也已

공자께서 말씀하셨다. "마치 주공과 같은 재질의 훌륭함을 지녔을지라도 교만하고 인색하다면 그 나머지는 보잘 것이 없을 지니라."

여기에서의 겸양의 마음은 한 개인으로서 낮은 자세, 겸허한 자세로 자신의 부족함을 알고 자기 스스로 자아실현을 위해 매진해야 자신의 인격이 고양될 수 있음을 보여준다. 예의 실천에서 태도의 측면도 소중하지만 유가에서는 형식보다 실질적인 내용을 중시했다.

子曰 大哉 堯之爲君也 巍巍乎唯天 爲大 唯堯則之 蕩蕩乎民無能名焉
巍巍乎其有成功也 煥乎其有文章

공자께서 말씀하셨다. "위대하도다! 요의 임금 되심이여, 오직 하늘이 제일 크거늘 요임금께서 그것을 본받으시니 그 넓고 넓어서 백성들이 능히 이름 붙일 수가 없도다! 넓고 크도다. 그 공덕을 이루심이여, 빛나도다. 그 문물제도여!"

공자가 본 요 임금의 위대성은 사업(功)을 완성시키고, 문장으로 표현되는 예악법도(禮樂法度)를 바르게 한 데서 찾을 수 있다. 겸양의 마음을 내용과 형식으로서 완성함으로써 백성들이 이를 알고 실천하도록 하였다. 유가에서 본 예의 본질은 형식보다는 인간을 감동시킬 수 있는 실질적인 내용을 중시하며 너와 나의 소통을 가능하게 하는 배려의 자세이다. 그리고 이와 같은 제도의 밑바탕에는 하늘의 이치와 명령을 따르는 합리주의가 전제되어 있다.

말(言)과 믿음(信)

안연편(顔淵篇)

  안연(顔淵)편에 보면 자공(子貢)이 공자에게 정치에 관해 물으니 공자님께서 경제가 족하고 군사력을 갖추면 백성이 믿는다고 말한다. 자공이 이 세 가지 중에서 부득이 버려야 할 것이 있다면 무엇이 먼저이냐고 되물었을 때 공자는 먼저 군사와 병기를 버릴 수 있다고 말한다. 그리고 남은 두 가지 중에서 먼저 버릴 수 있는 것을 물었을 때 공자는 경제를 버릴 수 있다고 하면서 믿음이 가장 중요함을 강조하고 있다. 공자는 "백성이 믿음이 없으면 설 수 없다(民無信不立)"고 말하면서 믿음을 강조한다. 공자가 말하는 믿음은 인간과 인간 사이의 기본적인 신뢰를 말한다. 인간은 사회적 동물이고 인간이 형성한 사회는 약속과 그 약속에 대한 믿음이 주춧돌이 되고 뿌리가 된다. 믿음이 없다면 그 사회를 구성하는 인간관계가 무너지고 사회 자체의 존립도 불가능하다.

子貢 問政 子曰 足食足兵 民信之矣, 子貢 曰 必不得已而去於斯三者
何先 曰 去兵, 子貢曰 必不得已而去於斯二者 何先 曰 去食 自古皆有死
民無信不立

공자가 말하는 민중의 믿음은 어디에서 오는가? 주석에 따르면 민덕
(民德)으로써 말하면 본인들이 진실로 갖고 있는 것을 믿게 된다고 말
한다. 한자의 믿을 '신(信)'이 의미하듯이 사람(人)의 말(言)에서 믿음이
나온다. 그러나 그 사람의 말이 잘못되면 불신이 온다. 물론 불신(不信
)은 인간관계를 파괴시키고 이 사회의 존립을 어렵게 한다. 그렇다면
우리는 무엇을 어떻게 말해야 믿음을 얻을 수 있고 어떻게 해야 불신
을 막을 수 있을까? 이 근원적인 물음에 대해 생각해 보자.

먼저 우리는 믿음을 얻기 위해 진실과 정의를 말해야 한다. 특히
정치인의 말이 바로 서야 나라가 바로 선다. 의회(parliament)는 '말
(parler=to speak)하는 집'이다. 토의를 통해 국민들의 마음의 소리를
대변할 수 있어야 한다. 어떻게 보면 우리 사회의 가장 큰 선생님은
정치인이다. 그 왕 선생님이 정의와 진실을 말함으로써 설득하고 감동
시키는 것이 아니라 '국민의 여론(民德)'을 가장(假裝)한 선동으로 진실
을 왜곡한다면 그 피해는 결국 우리 모두가 감당해야 할 몫이 된다.
그렇지 않아도 현대 정보사회는 실재와 파생 실재의 구분이 모호한
사회이고 정보는 점점 많아지지만 '의미'는 점점 위축되어 가는 사회이
다. 온갖 정보의 메시지를 흡수하지만 그것의 의미에는 냉담한 스폰
지 또는 블랙홀 같은 존재가 현대의 대중이다. 달리 말하면 진실과 정
의가 더욱더 가려지기 쉬운 사회에 우리는 살아가고 있다. 우리 사회
의 지도층부터 바른 말로 자신의 말에 책임을 질 줄 아는 올바른 풍토
를 만들어 가야 한다.

공자는 소문(聞, rumor)과 진정한 소통(達, communication)을 구분하면서 지식인과 사회 지도층이 말에 대해 책임을 지는 자세를 가져야 함을 강조하였다.

子張問 士何如 斯可謂之達矣

자장이 물었다. "선비는 어떻게 해야 소통했다고 말할 수 있습니까?"

子曰 何哉 爾所謂達者

공자가 말씀하셨다. "네가 소통했다고 말하는 것은 무엇을 의미하느냐?"

子張對曰 在邦必聞 在家必聞

자장이 대답하였다. "나라에 있어도 반드시 소문이 나고, 집에 있어도 반드시
소문이 납니다."

子曰 是聞也 非達也

공자께서 말씀하셨다. "그것은 소문이지 소통함이 아니다."

•

夫達也者 質直而好義 察言而觀色 慮以下人 在邦必達 在家必達

무릇 소통하는 사람은 성품이 정직하고 올바름을 좋아하여 말을 성찰하고 표정을
보며 깊이 생각하여 낮은 자세로 사람을 대한다.

국사에도 반드시 소통하고 가사에도 반드시 소통한다.

夫聞也者 色取仁而行違 居之不疑 在邦必聞 在家必聞

무릇 소문난 사람은 표정으로 인을 취하면서 행동은 어긋나고 이렇게 살면서도
의심하지 아니한다. 국사에도 소문을 내고, 가사에도 반드시 소문을 낸다.

공자와 자장의 대화에서 소통하는 사람은 상대방의 말과 상황을 파악하여 낮은 자세로 말한다. 나의 주장과 입장만을 내세우는 것은 소통을 가로막는 잘못된 태도이다. 상황 파악과 문맥을 살피고 듣는

사람의 눈높이에 맞추어야 한다. 반대로 자신의 명예를 들어내고자 하는 사람은 행동이 말과 어긋나고 있음에도 불구하고 의심하거나 고치지 않는다. 따라서 소문과 헛된 명예는 드높아 보이지만 마음은 병들어 있다(故虛譽雖隆而實德則病矣).

우리가 살고 있는 현대 사회는 수많은 정보가 유통되어야지만 무엇이 진실이고 무엇이 정의인지 가려내기가 힘들다. 프랑스 철학가 장 보드리-야르(Jean Baudrillard)의 말을 빌리면 파생 실재가 실재를 대신한다. 음성언어의 형태이든 문자언어의 형태이든 아니면 또 다른 기호 체계이든 간에 우리는 '실재(reality)' 또는 '의미'의 측면에서 언어와 기호를 바라보는 노력이 필요하다. 표현된 언어와 기호만 볼 것이 아니라 실재와 의미도 함께 볼 수 있는 지혜가 요구된다.

우리의 말(言語)과 삶은 밀접한 관련성을 갖는다. 우리가 어떤 말을 하느냐에 따라 우리의 존재가 결정된다. 우리가 긍정적인 말을 하면 우리는 긍정적인 사람이 된다. 우리가 부정적인 말을 하면 우리는 부정적인 사람이 된다. 말이 겉으로 표현된 언어라면, 공자가 말한 '믿음(信)'은 밖으로 표현되지 않은 심층구조의 또 다른 언어인 실재(意味)라고 할 수 있다.

공자의 대화법

우리는 흔히 책을 읽을 때 행간을 읽을 수 있어야 말의 참된 의미와 실재에 다가갈 수 있다고 말한다. 이 말은 상황과 맥락을 파악해야만 진실과 실체에 다가설 수 있다는 말이 된다.

정공(定公)이 말의 힘에 기대를 갖고 공자에게 물었을 때 공자는 무엇이 실체이고 근본인가를 차분하게 대화를 통해 풀어나간다.

定公問 一言而可以興邦 有諸 公子對曰 言不可以若是其幾也
정공이 물었다. "한 마디 말로 나라를 일으킨다 하니 그런 말이 있습니까?"
공자께서 대답하셨다. "말은 이와 같이 기약하지 못한다.

人之言曰 爲君難 爲臣不易
사람의 말에 이르기를 임금 됨이 어렵고 신하됨이 쉽지 않다고 하였다.

如知爲君之難也 不幾乎一言而興邦乎
만약 임금 됨이 어려움을 알면 한마디 말로 나라를 일으키는 것에
가까운 것이 아닌가?"

3장_ 소통의 길(道) 127

정공의 질문에 대해 공자는 당시의 사람들의 말을 들어 정공의 짧은 생각을 깨우치려 한다. 공자로서는 정치를 너무 가볍게 생각하는 정공에게 임금 됨의 어려움을 볼 수 있는 식견을 깨우쳐 주려 했다. 한마디 말보다도 정치에 임하는 군자의 태도적 자질이 우선되어야 함을 말하고 있다.

일찍이 서양의 철학자 소크라테스는 그의 대화술을 산파술이라 명명하여 창조의 원천임을 강조하였다. 공자의 대화법 또한 제자의 무지를 깨우쳐 주는 공자의 교수 방법이었다. 제자의 필요와 질문의 본질을 파악하고 질문에 맞는 답을 깨우쳐 주려 노력하였다.

曰一言而喪邦 有諸 孔子對曰 言不可以若是其幾也 人之言曰 予無樂乎爲君 唯其言而莫予違也
말하기를 "한마디 말로써 나라를 잃을 수 있다고 하니 그런 말이 있겠습니까?"
공자가 대답하여 말씀하셨다.
"말은 이와 같이 기약하지는 못하지만 사람의 말에 이르기를 '내가 임금이 된 것이 즐거운 것이 아니라 오직 내가 말하면 아무도 나를 어기지 않음이 기쁘다'고 하였다."

말 한 마디가 나라를 흥하게도 하고 망하게도 한다는 가벼운 생각이나 테크닉이 있는 것이 아니다. 공자는 여기에서도 말의 행간과 맥락을 중시한다. 임금의 됨됨이를 즐기기보다 임금의 말에 거역하지 못하는 권력에 탐닉해서는 안 됨을 보여준다. 내 말의 정의(正義)는 외적인 권력에 있는 것이 아니라 내 말이 지칭하는 실재와 문맥에 의해 결정된다.

如其善而莫之違也 不亦善乎 如不善而莫之違也 不幾乎一言而喪邦乎

만일 내 말이 바르기 때문에 아무도 어기지 않는다면 어찌 좋지 않겠는가?

그러나 만일 내 말이 바르지 않음에도 불구하고 이를 비판하지 않는다면 이것이

한마디 말로 나라를 잃어버린다는 말에 가깝지 아니한가?

내 말이 바르기 때문에 비판이 없고 칭찬한다면 즐거운 일이다. 범씨(范氏)의 주석에 따르면 바르지 않음에도 이를 비판하지 않으면 진실한 말(忠言)이 도달하지 않아 통치자는 날로 교만하여 지고 신하는 아첨하여 나라를 망하게 한다고 보았다. 참된 말, 진실한 말이 소통하게 해야 나라를 살릴 수 있다고 보았다.

사씨(謝氏)의 주석에 따르면 임금 됨의 어려움을 알고 말을 경건하게 삼가면 그 말이 나를 거스르지 않는다고 보았다. 나의 말이 일차적으로 나를 속이는 말이 되어서는 안 된다. 나의 말이 나의 마음에 어긋남이 없더라도 아첨하는 말과 비판하는 말이 있다. 나라를 갑자기 흥하게 하고 망하게 하는 것은 없다. 나라를 흥하게 하거나 나라에 상처를 주는 원인은 이것은 나누거나 편 가르는 것이다. 군자는 칭찬도 수용하고 비판도 수용할 수 있어야 한다.

공자의 산파술의 요체는 서두르지 않고 상황과 문맥을 정확히 판단하여 대화에 임한다는 점이다. 또한, 자신의 속도가 아닌 상대방의 속도와 이해에 맞추어 말한다. 그리고 칭찬과 비판을 함께 수용하는 포용력이 공자의 탁월한 대화법의 핵심이다.

화합(和合)의 길

우리 인간은 남과 어울려 살아가야 한다. 서로 조화를 이루고 화합해야 한다. 갈등이 발생하더라도 화합과 조화로 그 갈등을 해결해야 한다. 화합의 길은 무엇보다도 '사(私)'가 아닌 '공(公)'의 입장에서 현실을 볼 수 있는 태도를 필요로 한다.

子曰 君子上達 小人下達
공자께서 말씀하셨다. "군자는 천 리를 따르고 소인은 욕심을 따른다."

주석에 따르면 '상달(上達)'은 하늘의 이치를 따라 밝은 데로 나아가는 것이고 '하달(下達)'은 사람의 욕심에 따르므로 어두운 곳으로 나가게 된다고 풀이하였다. 달리 말하면 '상달'은 개인의 욕심을 넘어서는 공적인 태도를 견지하는 것이다. 나만을 보는 것이 아니라 나와 이웃을 함께 보는 자세이다. 유가의 화합은 현실에 적극적으로 참여하면서 인간관계 속에서 갈등을 해결하고 더 높은 의미와 가치를 창조하는 것을 지향한다.

子曰 不逆詐 不億不信 抑亦先覺者 是賢乎
공자께서 말씀하셨다. "남이 나를 속일 것을 미리 걱정하지 말고 남이 나를
의심한다고 추측하지 말고 먼저 깨닫는 사람이 어진 사람이다."

공자의 위와 같은 상황 판단은 미리 걱정하거나 추측하지 않은 상태에서 객관적으로 보라는 의미로 해석할 수 있다. 인간관계를 어렵게 하는 것은 객관적인 관찰이나 판단이 아니라 미리 의심하고 추측하는 것이다. 특히 우리 스스로의 오류를 막기 위해 편견과 아집이 없는지 끊임없이 되돌아보아야 한다.

微生畝 謂孔子曰 丘何爲是栖栖者與 無乃爲佞乎 孔子曰 非敢爲佞也
疾固也
미생묘가 공자에게 말하였다.
"그대는 어찌하여 분주하게 돌아다니는가? 아첨할 곳이 없는가?"
공자께서 말씀하셨다. "감히 아첨하는 것이 아니다.
하나를 고집하여 통하지 않을까 걱정한다."

어지러운 세상을 피하여 숨어 살던 은자(隱者) '미생묘(微生畝)'가 천하를 주유하는 공자를 비판하였을 때, 그는 자신의 고정 관념을

타파하려 한다고 역설하고 있다. 화합의 길, 평화의 길은 편견과 고정
관념을 뛰어넘는 데서 비롯된다. 하나를 고집하는 것이 아니라 서로
다름을 보고 인정할 수 있어야 한다(固, 執一而不通也).

한편 인간관계는 나와 타자의 상호 관계를 전제로 한다. 이와 관련
해서 우리가 지녀야 할 태도에 대해 공자가 제시한 길은 귀담아들어
야 한다.

> 或曰 以德報怨 何如 子曰 何以報德 以直報怨 以德報德
> 혹자는 "덕으로서 원수를 갚는 것이 어떠합니까?"라고 말한다.
> 공자께서 말씀하셨다. "무엇으로 덕에 보답하려 하느냐? 사사로움이 없는
> 것으로써 원망스러운 일을 해결하고 고마운 일은 고마운 일로 응답해야 한다."

도움을 받았으면 도움을 주는 것이 인지상정이고 따뜻한 사랑은
따뜻한 마음으로 응답하고 잊지 말아야 한다. 그러나 나에게 해를
입히거나 상처를 주었다면 사적인 입장이 아닌 공적인 입장에서 정직
하게 표현하여 개선해 나가야 한다. 잘못된 일과 관행을 덮어 주는 것은
우리 사회의 화합을 어렵게 한다. 진정으로 용서하고 사랑하기 위해
서 우리는 사적인 해결책이 아닌 공적인 해결책을 모색하여 이해의
지평을 넓혀야 한다.

공자가 '직(直)'으로 표현했던 것은 '사(私)'가 없는 올바른 길을 의미
하지만 반드시 처벌이나 복수를 의미하는 것은 아니었다.

노나라의 대부 '공백료(公伯寮)'가 계손씨에게 자로를 참소하여 계손

이 의심하게 되었을 때 노나라의 대부 '자복경백(子服景伯)'이 공백료를 처형하여 거리에 내걸어야 한다고 주장하였다. 이에 대해 공자는 다음과 같이 응답하였다.

子曰 道之將行也與 命也 道之將廢也與 命也 公寮 其如命何
공자께서 말씀하셨다. "도가 장차 행해지는 것도 천명이고, 도가 장차 소멸되는 것도 천명이니 공백료가 그 천명을 어찌 하겠는가?"

여기에서의 공자의 태도는 무관심이나 방관이 아니라 초연함이다. 노나라 대부 경백이 공적으로 밝힘으로써 자로를 안전하게 했고, 공백료에게 경고한 것이 이 문제 해결을 위해 인간이 취해야 할 길이다. 이와 같이 인간의 일을 온전하게 하고 초연하게 천명을 기다리는 것이 우리가 취해야 할 화합의 길이다.

공자는 화합과 소통이 궁극적으로는 물리적인 힘에 있지 않고 정직과 사랑으로 표현되는 도덕적 능력에 달렸음을 비유적으로 말한다.

子曰 驥不稱其力 稱其德也
공자께서 말씀하셨다. "천리마는 그 힘으로 불리는 것이 아니라 그 덕(德)으로 불리는 것이다."

·

子曰 不患人之不己知 患其不能也
공자께서 말씀하셨다. "남이 나를 알아주지 않음을 걱정하지 말고 잘하지 못함을 걱정해야 한다."

공감(共感)과 소통

공자의 철학을 핵심 어휘로 풀어 나간다면 가장 중요한 위치를 차지하는 것이 '인(仁)'이다. 이 '인(仁)'이란 개념은 예수의 '사랑'이란 개념과 같이 유가의 길(道)에서 핵심 어휘이다. 공자가 제자들에게 깨우침을 주고자 했던 '인(仁)'의 길은 느낌을 함께 하는 공감과 소통에 그 방점이 있었다.

子貢問曰 有一言而可以終身行之者乎 子曰 其恕乎 己所不欲 勿施於人
자공이 물었다. "한마디 말로 종신토록 행할 만한 것이 있습니까?"
공자께서 말씀하셨다. "함께 하는 것이다! 내가 하고자 하지 않는 바를 남에게
행하지 말라."

공자는 자공의 질문에 대하여 평생토록 유념해야 할 핵심 어휘를 '서(恕)'라고 말하였다. '서(恕)'는 용서한다는 의미보다는 글자 그대로

'마음(心)'을 '함께 한다(如)'는 의미로 보아야 한다. 너와 내가 마음을 공유한다는 것은 나의 마음을 미루어 너의 마음을 이해하고 소통하는 것을 의미한다. 나의 마음으로 그칠 경우 이기적인 생각과 판단에 그칠 수 있다. 따라서 내가 원하지 않는 것이나 싫어하는 것을 상대방에게 부과하는 것은 어진 행위가 아니다. 내가 원하는 것과 좋아하는 것을 공유하고 함께 즐기는 것이 공감과 소통을 촉진하는 길이다. 또한 어려운 일과 슬픈 일을 함께 나누는 것 역시 공감과 소통의 길이다.

공자가 보여준 공감과 소통은 상대방을 배려하는 생활과 자세로 나타난다.

師冕見及階 子曰階也 及席子曰席也 皆坐子告之曰某在斯某在斯
師冕出 子張問曰 與師言之道與 子曰然 固相師之道也
악사(樂師)인 소경 면이 보이거늘 섬돌에 이르니 공자께서 "섬돌이다"라고
말씀하셨고, 자리에 이르거늘 "자리다"라고 말씀하셨다.
모두 앉자 공자께서 "아무개가 여기에 있고, 아무개가 저기에 있다"라고
말씀하셨다. 악사인 소경 면이 나가니 자장이 물었다.
"악사와 더불어 말하는 방법입니까?"
공자께서 말씀하셨다. "그렇다. 진실로 악사를 돕는 방법이다."

공자는 눈먼 악사 '면(冕)'을 대하자 '면(冕)'이 필요로 하는 배려와 도움을 제공하였다. '면(冕)'이 보지 못하는 사물을 알려 줌으로써 면이 이에 알맞게 대처하게 하고, 자리에 참석한 사람들을 안내해 줌으로써 '면(冕)'이 보지 못하는 정보를 알려 주었다. 공자의 이와 같은 행

동은 상대방의 입장에서 생각하는 '역지사지(易地思之)'의 공감과 배려의 자세에서 비롯된다. 공자가 강조한 극기복례(克己復禮)의 '예(禮)'는 이 공감과 소통의 길에서 얻어지는 올바른 인간관계를 의미한다. 따라서 공감은 아집이나 자기 편견을 극복하는 자리에서 이루어진다. 자기 욕심에 갇혀 있는 사람은 진정한 의미의 공감과 소통이 불가능하다. 이를 달리 말하면 공감은 사적 영역을 넘어서는 공적 소통이며 책임감이다.

子曰 知及之 仁不能守之 雖得之 必失之
공자께서 말씀하셨다. "지혜가 이에 이르러도 인(仁)으로 이를 지키지 못하면 비록 얻더라도 반드시 잃는다."

주석에 따르면 여기에서의 '인(仁)'은 사욕(私欲)이 개입하지 않는 것을 의미한다. 사욕의 때가 끼게 되면 우리는 우리 주변의 사물과 현상을 바로 보지 못하게 된다. 아전인수(我田引水)와 같은 생각과 판단에 빠질 수 있다.

공감은 나의 바람과 욕심만을 내세우는 것이 아니라 상대방의 바람과 욕심을 함께 생각하는 것이다. 깨달음과 지혜가 사적 영역을 넘어서 공적 영역이 되고 사회적인 것이 되려면 나의 입장만 고려하는 것이 아니라 상대방과 나의 입장을 동시에 고려하는 것이다. 그러므로 공감과 소통은 최대한 객관적으로 사물을 바라보는 태도를 견지해야 한다.

子曰 衆惡之 必察焉 衆好之 必察焉

공자께서 말씀하셨다. "뭇 사람이 미워하더라도 반드시 살펴보며, 뭇 사람이
좋아할지라도 반드시 살필지니라."

행동 언어

말만이 소통의 언어가 아니다. 우리가 보이는 행동은 말보다 더 큰 힘을 보이는 또 다른 언어이다. 말로 표현된 언어도 중요하지만 행동으로 표현된 언어도 중요하다. 언어는 의미를 전달하기 위한 매체이다. 행동 또한 의미를 전달하는 매체라 할 수 있다.

孺悲欲見孔子 孔子辭以疾 將命者 出戶 取瑟而歌 使之聞之
유비가 공자를 보고자 하였다. 공자가 병으로 사양하였다. 장차 말을 전할 사자가 문을 나가니 비파를 타고 노래를 불러 사자가 이를 듣게 하였다.

공자는 유비(孺悲)를 만나고 싶지 않았다. 그러나 행동으로 그의 메시지를 전하고 싶었다. 그래서 공자는 비파를 들고 노래를 불렀다. 말은 병(病)이라고 하여 사양하였지만 유비(孺悲)에게 나는 너를 만나고 싶지 않다는 메시지를 분명하게 전달하고자 하였다. 공자는 말도 중요하지만 말이 아닌 행동과 말이 전하는 문맥을 읽을 것을 강조하였다.

子曰 予欲無言 子貢 曰 子如不言 則小子何述焉

공자께서 말씀하셨다. "나는 말이 없고자 하노라."

자공이 말했다. "선생님께서 만일 말씀하지 않으시면 저희들이 어떻게

해득하겠습니까?"

子曰 天何言哉 四時行焉 百物生焉 天何言哉

공자께서 말씀하셨다. "하늘이 무슨 말을 하느냐? 사철이 바뀌고 만물이

생성되나니, 하늘이 무슨 말을 하더냐?"

공자는 자공에게 말보다는 우주의 질서와 원리를 관찰하는 안목을 깨우쳐 주기를 원했다. 분명한 깨달음은 말보다는 세상을 읽는 안목으로부터 비롯된다는 것을 깨우쳐 주려 했다. 따라서 공자는 최대한 말을 아끼고자 하였다.

子曰 道聽以塗說 德之棄也

공자께서 말씀하셨다. "길에서 듣고 길에서 말하는 것은 덕을 버리는 것이다."

공자는 좋은 말을 들었더라도 자기 안에서 충분히 삭여야 한다고 보았다. 군자는 좋은 말을 많이 알고 이를 행동으로 실천하여 그 덕을 쌓아야 한다. 언어는 침묵과 행동을 통해 걸러져 나와야 상처를

주지 않는 아름다운 말이 된다. 따라서 공자는 말의 기술(technique)보다 말의 진실과 정직성에 방점을 두었다.

子曰 巧言令色 鮮矣仁
공자께서 말씀하셨다.
"말을 교묘하게 꾸미고 얼굴빛을 어여쁘게 함에는 인(仁)이 드물다."

공자는 올바른 행동의 실천이 마음과 덕을 보전하고 함양하는 큰 길이라 보았고 말은 늘 절제해야 인간관계의 소통에 도움이 된다고 보았다.

子貢曰 君子亦有惡乎 子曰有惡 惡稱人之惡者 惡居下流而訕上者
惡勇而無禮者 惡果敢而窒者
자공이 말하였다. "군자 또한 싫어하는 것이 있습니까?"
공자가 대답하셨다. "싫어하는 것이 있다. 남의 잘못된 점을 말하는 것을 싫어하며
아래에 살면서 윗사람을 헐뜯는 것을 싫어한다. 용감하지만 예의가 없는 것을
싫어하며 과감하지만 트이지 않은 것을 싫어한다."

여기에서 남의 잘못이나 약점을 말하는 것을 삼가는 것은 필요하다. 그러나 오늘날의 입장에서 사회적인 병폐가 되어 모든 사람에게 나쁜 영향을 줄 수 있는 것은 들어내어 고쳐야 한다. 공자가 삼간 것은 자신을 높이기 위해 남의 약점과 잘못을 들추는 것이라 볼 수 있다.

주석에 따르면 남에 대한 비방이 자신의 인격을 닦는 데 도움이 되지 못한다는 점을 보여 준다. 과감하지만 막혀 있으면 잘못된 판단과 결정으로 많은 사람에게 누가 될 수 있다.

말과 행동은 예나 지금이나 인간관계를 결정짓는 핵심이다. 말이 행동을 뒷받침하고 행동이 말을 뒷받침하도록 하는 것이 올바른 행동과 언어임을 명심해야 한다. 그러나 인간의 말과 행동은 언제나 세 치 혀로 나오는 말이 행동에 앞서는 경우가 많으므로 우리는 언제나 행동을 염두에 두고 말해야 한다. 부언하면 행동이 말보다 앞서야 한다. 또한 행동은 경우에 따라서는 말보다 더 강력한 메시지를 전하는 언어가 된다.

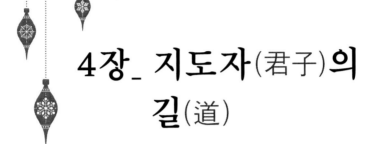

4장_ 지도자(君子)의 길(道)

子曰 君子 周而不比 小人 比而不周

<論語 爲政篇>

공자께서 말씀하셨다. "군자는 보편적이어서 편벽되지 아니하고 소인은 편벽하여 두루 통하지 못한다."

도덕 정치(德治), 선진 정치

위정편(爲政篇)

공자는 논어 위정편에서 정치를 '덕(德)'으로 하는 것이 북극성이 그 있어야 할 곳에 있어 모든 별이 이를 따르는 것과 같아 이상적인 정치가 될 수 있다고 보았다. 공자가 주장한 덕치(德治)는 그의 말을 빌리면 명령과 형벌로써 다스리는 것이 아니라 올바름과 예로써 다스리는 것을 의미한다.

子曰道之以政 齊之以刑 民免而無恥
道之以德 齊之以禮 有恥且格
공자께서 말씀하셨다.
"백성을 인도하되 명령으로써 하고 백성을 가지런히 하기를 형벌로써 하면 백성이 법망을 벗어나도 수치로 여기지 않는다. 백성을 인도하기를 덕으로써 하고 백성을 가지런히 하기를 예절로써 하면 백성이 수치를 알게 되고 품격을 갖추게 된다."

덕(德, virtue)은 현대적인 의미로 해석하면 도덕적 태도와 힘을 의미한다. 오늘날의 정치인들이 권위를 상실하는 것은 상당 부분 도덕적으로 믿음을 주지 못하는 데서 오는 것이다. 공자는 덕치가 구현될 때 백성들이 부끄러움을 알고 높은 품격에 이를 수 있다고 보았다. 이 말은 정치 지도자의 리더십이 덕(德)에 기반을 둘 때 진정한 의미의 문화 국가, 선진국가를 구현할 수 있다고 본 것이다.

부끄러움을 안다고 하는 것은 자기 자신을 반성적으로 되돌아 볼 수 있을 때 가능하다. 최근의 우리 정치의 부패에 대해 반성하는 사람은 없고 모두가 억울하다고 하는 사람만 넘쳐난다. 심지어 본인이 부정한 방법으로 권력과 돈을 차지하였으면서도 억울하다고 자살까지 한다. 모두가 부끄러움을 모른다. 또한 인품은 본인이 선행을 실천했을 때 얻어지는 자신에 대한 정정당당함이 토대가 되어야 한다. 자신에 대한 도덕적 신뢰와 자긍심이 인품을 높이는 근간이 된다.

그렇다면 도덕적 태도로서 가장 중요한 것은 무엇인가? 유가에서 강조한 도덕적 태도는 진심으로 하는 것, 마음으로 하는 것이다.

子游問孝 子曰 今之孝者 是謂能養
至於犬馬 皆能有養 不敬 何以別乎

자유(子游)가 효를 물으니 공자께서 말씀하셨다. "지금의 효라는 것은 부모를 잘 봉양하는 것으로만 생각하나, 개와 말도 다 먹을 것을 주나니, 부모를 공경하지 않으면 무엇으로 구별하겠는가?"

공자의 제자 자유(子游)가 효에 대해 물었을 때 공자는 물질적인 봉양보다도 마음의 태도, 즉 '경(敬)'을 중요한 도덕적 태도로 보았다.

다시 말하면 진솔한 마음으로 행할 것을 주장한다. 특히, 말보다는 행동이 앞서야 한다.

子貢 問君子 子曰 先行其言 而後從之
자공이 군자에 대해 물으니 공자께서 말씀하셨다. "그 말 하고자 하는 바를 먼저 행하고 난 뒤에 말이 따르느니라."

유가에서 말하는 이상적인 인간, 군자는 말보다 행동이 앞서야 한다. 정치적인 신뢰는 말과 행동이 일치하는 데서 얻어진다. 이를 위해 말보다는 행동이 앞서야 하며, 말은 행동과 실천에 비추어서 이루어져야 한다. 실천과 행동을 염두에 두지 않은 말은 허언(虛言)이나 공염불에 불과하다.

공자가 말한 또 하나의 도덕적 태도는 한쪽으로 치우치지 않은 균형 감각이다.

子曰 君子 周而不比 小人 比而不周
공자께서 말씀하셨다. "군자는 보편적이어서 편벽되지 아니하고 소인은 편벽하여 두루 통하지 못한다."

여기에서 말하는 '주(周)'는 두루 통할 수 있는 보편적인 것이며 어느 한 쪽으로 기울어져 있지 않다는 것을 의미한다. 편벽되어 어느 한쪽으로 기울어져 있는 태도는 '공(公)'보다는 '사(私)'를 앞세우는 데서 비롯된다. 정치하는 사람은 '사(私)'보다는 '공(公)'을 앞세워야 한다.

子曰 詩三百 一言以蔽之 曰 思無邪

공자께서 말씀하셨다. "시경에 있는 삼백 편의 시는 한마디로 말해 생각함에
간사함이 없다는 뜻이다."

공자는 인간의 말이 시경에 있는 시와 같이 사특함이 없어야 한다
고 말하고 있다. 정자(程子)의 주석에 따르면 '사무사(思無邪)'는 '성(誠)'
을 의미한다. 공자는 인간의 말이 진실해야 함을 힘주어 말하고 있다.

요약하면 공자의 '덕치(德治)'는 결국 말과 행동을 통해 이루어지며
말은 행동을 염두에 두어야 하고 말과 행동에 대한 군자의 태도는
균형 감각을 잃지 말아야 하며 정성을 다해야 한다.

'덕치(德治)'는 도덕 정치를 의미하며 높은 도덕성은 사람을 움직일
수 있는 힘이 있다고 보았다. 공자는 정치를 떠나 높은 도덕성이 한
인간의 삶을 정정당당하게 한다는 믿음을 보여주고 있다.

或 謂孔子曰 子 奚不爲政 子曰 書云孝乎

惟孝 友于兄弟 施於有政 是亦爲政 奚其爲爲政

어떤 사람이 공자께 일렀다 "선생께서는 어찌하여 정치를 하지 않으십니까?"
공자께서 말씀하셨다. "서경에 효를 일컫거늘 효도하며 형제간에 우애하는 것이
정치가 있음을 보이는 것이니 이 또한 정치를 하는 것이다. 어찌 정치를 하는
것만이 정사라고 하겠는가?"

공자는 도덕적인 삶 자체가 이 사회를 밝히는 등불이요, 정치적 영향력을 발휘하는 것이라고 보았다. 정직한 태도와 진솔한 마음은 예나 지금이나 인간관계의 기본이며, 이것은 오늘날에도 우리 사회를 어둠에서 구하는 밝은 등불이다.

일찍이 희랍의 철학자 아리스토텔레스는 정치의 기능 중에서 가장 큰 것이 교육적 기능이라 보았다. 정치 지도자는 우리 사회의 왕 선생님이라 할 수 있다. 우리 국민에게 도덕적 시민 의식(부끄러움)과 선진 문화의 품격을 지니게 하는 가장 큰 힘은 정치로부터 나온다. 올바른 정치는 시민의 마음을 올바로 이끌고 움직이는 힘을 지닌다.

季康子 問使民敬忠以勸 如之何 子曰 臨之以莊則敬 孝慈則忠
舉善而敎不能則勸

계강자가 물었다. "백성들이 공경과 충성으로써 권면하게 하려면 어찌해야
합니까?"

공자께서 말씀하셨다. "장중하게 임하면 공경하고, 부모에게 효도하며 백성을
사랑하면 충성하며, 올바른 사람을 등용하고 부족한 사람을 가르치면 서로
권면하고 선하게 됨을 즐길 것이다."

위의 대화를 통해 공자는 올바른 사람을 등용하고 부족한 사람을 가르치면 민중이 서로 권면하여 선을 행하는 것을 즐길 것이라고 보았다.

공자는 덕치를 통해 민중이 부끄러움을 알고 선(善)을 권면하는 품격 있는 사회를 만들 수 있다고 보았고 덕치는 지도자가 있어야 할 곳에서 행동의 모범을 보이는 데서부터 시작되어야 한다고 보았다.

지도자의 길, 군자(君子)의 길

옹야편(雍也篇)

오늘날 리더십(leadership)이라고 불리는 지도자의 자질은 논어에 군자로 표현된 지도자의 자질과 비교된다. 논어의 제6편 옹야편에 나오는 군자의 자질은 '지(知)'와 '인(仁)'으로 표현되는 지적인 요소와 정의적 요소의 균형이라고 볼 수 있다. 공자가 스승인 자신보다도 더 높이 평가했던 안회에 대해 다음과 같이 말하고 있다.

哀公問弟子孰爲好學 孔子 對曰 有顔回者好學 不遷怒 不貳過
不幸短命死矣 今也則亡 未聞好學者也

애공이 물었다. "제자 가운데 누가 학문을 좋아합니까?"
공자께서 대답하여 말씀하셨다. "안회라는 자가 있어서 학문을 좋아하여,
노여움을 옮기지 아니하며 과실을 거듭하지 아니하더니 불행하게도 명이 짧아서
죽은지라 지금은 없으니 배움을 좋아하는 자를 듣지 못하겠나이다."

공자의 수제자, 안회가 학문을 좋아하고 품성이 바름을 언급하고 있다. 여기에 나타나는 공자의 사유체계 안에서는 학문과 품성이 분리되어 있지 않음을 알 수 있다. 안다는 것이 품성으로 전이되어야 하며, 품성은 다시 앎으로 전이되고 있다. 이는 달리 말하면 '앎'과 '삶'이 분리되는 것이 아니라 동전의 앞면과 뒷면처럼 한 인격을 보여 주는 두 개의 기본 지표라고 볼 수 있다. 앎과 삶이 융합과 균형을 이룰 때 얻어지는 것이 행복, 즉 '낙(樂)'이다.

子曰 賢哉 回也 一簞食 一瓢飲 在陋巷 人不堪其憂 回也 不改其樂 賢哉
回也
공자께서 말씀하셨다. "어질도다, 회여! 한 바구니의 밥과 한 표주박의 물을 먹으며
더러운 거리에 사는 것을 다른 사람들은 그 근심을 견디지 못하거늘 안회는
그 즐거움을 고치지 않으니, 어질도다. 회여!"

안회가 아는 청빈한 삶의 실천이 안회에게는 행복을 가져다주는 즐거움이었다. 공자는 앎이 앎으로 끝나는 것은 의미가 없고 앎이 즐거움이 되어야 한다고 강조한다.

子曰 知之者 不如好之者 好之者 不如樂之者
공자께서 말씀하셨다. "아는 것은 좋아하는 것만 같지 못하며, 좋아하는 것은
즐기는 것만 같지 못하다."

공자가 말하는 '즐김'의 경지는 앎이 지식의 영역으로 닫혀 있는 것이 아니라 앎이 삶으로 구현되는 경지를 의미한다. 머리로 아는 것에 그치지 않고 마음으로, 온몸으로 느끼고 생활 속에서 실천하는 것을 뜻한다.

한편, 공자는 군자에게 요구되는 또 하나의 자질이 '인(仁)'이라 보고 그 '인(仁)'의 기본이 정직과 배려를 실천하는 삶이라 보았다.

子曰 人之生也 直 罔之生也 幸而免

공자께서 말씀하셨다. "사람의 삶은 곧으니 정직하지 않고도 사는 것은 요행으로 면함이니라."

·

夫仁者 己欲立而立人 己欲達而達人

인(仁)한 이는 자기가 서고 싶으면 남을 세우며, 자기가 이루고 싶으면 남을 이루어준다.

공자가 보았던 정직과 배려는 인간다운 삶의 필수 조건이었다. 정직하지 않고도 사는 것은 요행에 불과하고 남과 함께 하는 것은 나의 존재의 필수 요건이다.

지도자(君子)는 앎을 실천으로 옮기는 즐거움을 누릴 줄 알뿐 아니라 정직과 배려의 삶을 축적해 나감으로써 중용의 덕(德)을 구현하는 사람이다.

子曰中庸之爲德也 其至矣乎 民鮮 久矣

공자께서 말씀하셨다. "중용의 덕이란 지극한 것이다. 백성에게 드문지 오래니라."

공자는 군자의 자질인 '지(知)'와 '인(仁)'의 체득을 위한 방법으로서 중용의 실천을 주장한다. '중(中)'은 모자라거나 지나침이 없는 경지를 의미하고 '용(庸)'은 '생활화'를 의미한다. 유가의 생활 원리의 핵심이라 할 수 있다. 중용의 생활 철학은 달리 말하면 균형을 중시하면서 동시에 현실과 현장을 중시하는 생활양식이다.

子曰質勝文則野 文勝質則史 文質 彬彬然後 君子

공자께서 말씀하셨다. "바탕이 문체보다 나으면 야인이요. 문체가 바탕보다 나으면 문사이니 문체와 바탕이 고루 어울린 다음에야 군자라 할 수 있다."

이 말은 심지어 한 사람의 글이 배경이 되는 인품과 어울려야 한다는 말로서 말이 그 사람의 행동과 조화와 균형을 이루어야 한다는 말이기도 하다.

아울러 말의 선택에 있어서도 공자는 대상과 상황에 따라 달라져야 한다고 보았다.

子曰 中人以上 可以語上也 中人以下 不可以語上也

공자께서 말씀하셨다. "보통사람 이상은 가히 형이상학을 말할 수 있지만 보통사람 이하에게는 가히 형이상학을 말할 수 없다."

그러나 공자는 인재(人材)를 씀에 있어서는 장점과 가능성을 높이 들어서 써야 한다고 보았다.

季康子問 仲由 可使從政也與 子曰 由也 果於從政乎 何有 曰 賜也
可使從政也與 曰 賜也 達於從政乎 何有 曰 求也 可使從政也與 曰 求也
藝於從政乎 何有

계강자가 물었다. "중유는 가히 정치에 종사할만합니까?"
공자께서 말씀하셨다. "중유는 과단성이 있으니 정치에 종사함에 무엇이
어렵겠는가!" 이어서 물었다. "사(賜)는 정치에 종사할만합니까?"
공자께서 말씀하셨다. "사(賜)는 사리에 통달하니 정치에 종사함에 무엇이
어렵겠는가!" 거듭하여 물었다. "구(求)는 정치에 종사할만합니까?"
공자께서 말씀하셨다. "구(求)는 재능이 많으니 정치에 종사함에 무엇이
어렵겠는가!"

요약하면, 공자가 본 지도자의 자질은 지성과 인성이 조화를 이룬 인격체이고 이에 도달하기 위해 중용의 생활을 실천해야 한다고 보았다. 중용은 삶을 적당히 산다는 것을 의미하는 것이 아니라 삶의 중심을 잃지 않는 치열한 삶의 자세를 의미한다.

솔선수범으로 열어가는 정치

태백편(泰伯篇)

공자는 소통의 길을 열어 가는 데 있어 말보다는 진솔한 마음을 표현하는 행동이 우선되어야 한다고 보았다. 달리 말하면 민중을 깨우치는 일보다 우선되어야 하는 일이 좋은 선례를 보여주는 일이다.

子曰 民可使由之 不可使知之

공자께서 말씀하셨다. "백성들이 쫓아 따르게 할 수는 있어도 알게 할 수는 없다."

앎과 깨우침은 당장에 이루어질 수 있는 일이 아니다. 시간과 노력을 필요로 하는 일이다. 공자는 일의 추진이 자연스럽게 이루어져야 한다고 보았다. 이를 위해 솔선수범으로 선례를 보여 주는 것이 우선되어야 한다고 보았다. 공자가 칭송한 요순의 통치는 무위(無爲)의 정치라 할 수 있다. 윤돈(尹焞)의 주석에 따르면 천도(天道)는 크고 당연하므로 의도적으로 행하지 않아도 성취되고 요임금은 이것으로 천하를 다스렸다(尹氏曰, 天道之大, 無爲而成, 唯堯則之以治天下).

子曰 巍巍乎 舜禹之有天下也而不與焉

공자께서 말씀하셨다. "높고 크도다! 순임금과 우임금은 천하를 다스렸으나 자리에
연연하지 않으셨다."

공자가 말한 '불여(不與)'는 주석에 따르면 '불상관(不相關)'과 '불이위
위락(不以位爲樂)'으로 풀이하였다. 어느 쪽으로 해석하든 공자는 순임
금과 우임금이 자리에 연연하지 않고 스스로 하여야 할 바를 추진함
으로써 태평성세를 이루었다고 말하고 있다. 달리 말하면 천도와 순리
를 따라 나라를 경영하였기 때문에 민중들은 통치자를 의식하지 않고
살아갈 수 있었다는 의미가 된다.

子曰 大哉 堯之爲君也 巍巍乎 唯天爲大 唯堯則之 蕩蕩乎民無能名焉
巍巍乎其有成功也 煥乎其有文章

공자께서 말씀하셨다. "위대하도다! 요의 임금 되심이여! 높고 크도다. 오직 하늘이
제일 크거늘 요임금께서 이것을 본받으시니 넓고 넓어서 백성들이 능히 이름 붙일
수가 없도다! 넓고 크도다. 그 공덕을 이루심이여, 빛나도다. 그 문물제도여!"

요임금은 사업을 성취하였고 '문장(文章)'으로 표현되는 문화를 꽃피
웠다. 그러나 민중들은 그의 정치를 무어라 이름 지을 수 없었다고
표현하고 있다. 태평성세는 민중이 통치자의 관여와 통제를 의식치

않고 살아가는 세상이라 할 수 있다. 통치자가 큰 틀의 문화를 꽃 피우면 민중들은 그 문화의 바다 속에서 자율적으로 자신의 역할을 다한다. 제방을 쌓아 문화의 흐름을 막는 것이 아니라 잘 흐르도록 물길을 열어 주어야 한다.

子曰 禹吾無間然矣 菲飮食而致孝乎鬼神 惡衣服而致美乎黻冕
卑宮室而盡力乎溝洫 禹吾無間然矣
공자께서 말씀하셨다.
"우임금은 내가 비판할 것이 없다. 음식을 간소히 하되 조상의 제사에는 효성을
다하였고 평상시 의복은 허술하나 임금의 의관은 화려하게 하였다.
궁궐과 거처하는 방은 낮게 하였으나 치수 사업에는 정성을 다하였으니 내가
비판할 것이 없다."

우임금의 통치는 공(公)과 사(私)를 구분하여 사적인 부분은 간소화하였지만 공적인 부분은 민중의 삶을 생각하여 정성을 다하였다. 민중의 삶이 풍요롭고 안정될 수 있도록 하였으며 생산성을 높일 수 있는 기반을 구축하는데 전심전력하였다.

가치 경영

자로편(子路篇)

섭공(葉公)이 정치에 대해 물었을 때 공자는 "가까운 이가 기뻐하며 먼 데 사람이 찾아오게 하는 것(近者說, 遠者來)"이라고 말한다. 이와 같은 이상 사회를 만들기 위해 공자는 나라를 경영함에 있어 교육을 중시하였다.

子 適衛 冉有僕 子曰 庶矣哉, 冉有曰 旣庶矣 又何加焉 曰 富之 曰 旣富矣
又何加焉 曰 敎之

공자께서 위나라에 가실 때에, 염유가 수레를 몰았는데 공자께서 말씀하셨다.

"백성이 번성하도다."

염유가 말했다. "이미 백성이 많은데 또 무엇을 더할까요?"

공자께서 다시 말씀하셨다. "그들을 부유하게 할 것이다."

염유가 말했다. "이미 부유한데 또 무엇을 더하겠습니까?"

공자가 말씀하셨다. "가르쳐야 하느니라."

공자가 교육을 중시한 것은 경제적인 풍요만으로는 살기 좋은 사회를 만들 수 없음을 시사한다. 그것은 공자가 지향한 이상 사회가 핵심 가치를 구현하는 것을 목표로 하기 때문이다. 공자의 핵심 가치는 한마디로 '천명(天命)'이고 달리 표현하면 '천리(天理)'이며 '정명(正名)'이다.

子路曰 衛君待子而爲政 子將奚先 子曰 必也正名乎

자로가 말했다. "위나라의 임금이 선생님을 모셔다 정사를 부탁하신다면 선생님께서는 장차 어떤 것을 먼저 하시겠습니까?" 공자께서 말씀하셨다. "반드시 이름을 바로 잡겠노라."

공자가 말한 '정명(正名)'이 흔히 바른 명분으로 잘못 이해되어 유학이 실리와 괴리된 명분만을 강조한다는 오류가 있었다. 그러나 공자가 말한 정명은 이름과 실재(實在)가 부합할 때만 그 이름이 성립한다. 달리 말하면 실재가 없는 이름뿐인 명분은 공자가 가장 경계한 것이다. 이름(名), 즉 말(言語)은 실재와 부합되어야 '바른 이름(正名)'이 되는 것이다. 물론 공자가 말한 '정명(正名)'은 바른 진리, 즉 '천리(天理)'와 상통하고, 우리 모두가 구현해야 할 사명, 즉 '천명(天命)'과 그 맥(脈)을 같이 한다.

子路曰 有是哉 子之迂也 奚其正

자로가 말했다. "이럴 수가 있습니까? 선생님은 멀리 돌아가시려고 하십니다. 어찌 그것(실재와 다른 것)을 바로 잡으려 하십니까?"

공자가 실재와 다른 것을 바로 잡으려 하자 자로가 실재와 다른 것을 덮어 두고 현실과 효율성을 주장한다. 이에 대해 공자는 명실상부(名實相符)한 바른 정치가 왜 중요한지 구체적으로 자로에게 다음과 같이 말한다.

子曰 野哉 由也 君子 於其所不知 蓋闕如也 名不正則言不順
言不順則事不成 事不成則禮樂不興 禮樂不興則刑罰不中
刑罰不中則民無所措手足

공자가 말씀하셨다. "천박하도다, 자로여! 군자는 그 알지 못하는 것을 대개 이와 같이 빠트린다. 이름이 바르지 않으면 말이 따르지 않고 말이 따르지 않으면 일이 이루어지지 않으며, 일이 이루어지지 않으면 예와 악이 일어나지 못하고, 예와 악이 일어나지 못하면 형벌이 맞지 아니하고, 형벌이 맞지 아니하면 백성들이 수족을 둘 곳이 없느니라."

　　공자는 근원이 잘못되면 사회의 많은 병폐가 연쇄적으로 발생하여 더욱더 많은 문제를 야기한다고 보았다. 이에 대한 공자의 처방은 단순 명쾌하다.

故君子名之 必可言也 言之 必可行也 君子於其言 無所苟已矣

그러므로 군자가 실재를 바르게 세우면 반드시 말할 수 있으며, 말을 하였을 때는 반드시 행할 것이니, 군자는 그가 말한 것에 대하여 구차함이 없느니라.

공자가 말한 정명 사상은 실재와 언어가 부합되어야 하는 것이고, 우리 사회가 실재와 언어가 부합되는 체제가 되려면 실재를 강조하지 않을 수 없다.

> 子曰 其身正 不令而行 其身 不正 雖令不從
> 공자께서 말씀하셨다. "그 몸이 바르면 명령하지 않아도 행하여지고, 몸이 바르지 못하면 비록 명령을 내려도 쫓지 않느니라."

공자의 가치 경영이 천명과 정명을 목표로 한다면 그의 삶의 태도는 정직에 그 방점이 주어진다. 그러나 공자가 섭공과 나눈 다음의 대화는 공자의 정직이 피상적인 정직을 지향하는 것이 아니라 천리와 인간 도리의 보편성에 토대를 둔 정직을 의미한다.

> 葉公 語孔子曰 吾黨 有直躬者 其父攘羊而子 證之
> 孔子曰 吾黨之直者異於是 父爲子隱 子爲父隱 直在其中矣
> 섭공이 공자에게 말했다. "우리 고을에 정직한 행동을 하는 자가 있으니, 그 아비가 양을 훔쳤거늘 그 자식이 증언하였습니다."
> 공자께서 말씀하셨다. "우리들에게 정직한 것이란 이와는 다르나니, 아비는 자식을 위하여 숨겨주고, 자식은 아비를 위하여 숨겨줄 때, 정직이 그 가운데 있다."

사씨(謝氏)의 주석에 따르면, 공자의 정직은 순리(順理)를 의미하고 아비와 자식 사이의 관계에선 허물을 서로 숨겨주고 용서하는 것이 인간의 도리라고 보았다. 공자가 본 순리는 자식이 아비의 허물을 증언하는 것이 아니라 감추어 주는 것이라고 보았다. 그것이 인간 도리의 자연스러운 흐름이라고 보았고, 아비의 잘못을 증언하는 것은 부자간의 도리나 순리가 아니라고 보았다.

공자가 본 군자는 화이부동(和而不同)하고 소인은 동이불화(同而不和)한다. 주석에 따르면 이 말은 군자는 '의(義)'를 지향하므로 화합하나 똑같지 않고, 소인은 '이(利)'를 추구하므로 똑같지만 화합하지 못한다.
공자는 한 조직과 사회를 움직이는 힘이 이해관계로만 규정되는 것을 지양하였다. 천리와 정명을 지도자가 몸소 실천함으로써 인간의 도리가 구현되는 이상적인 민주사회가 가능하다고 보았다.

현대의 가치 경영이론에 따르면 한 조직이 능동적으로 움직이려면 이해관계를 넘어서는 분명한 목표와 비전이 되는 가치를 제시해야 한다. 다시 말해 개인이든 조직이든 '내가 왜 존재하느냐?'에 대한 답을 찾아야 하며 그것은 경제적인 풍요라는 일차적 토대를 넘어서는 자아실현의 가치이다. 공자가 제시한 핵심 가치는 '천명(天命)'에 귀 기울이며 현실 세계에서 '정명(正名)'을 구현함으로써 하늘을 우러러 한 점 부끄러움이 없는 당당한 삶이었다.

공자는 백성들에게 목표 의식을 심어주기 위해 교육을 필요로 했고, 교육을 통해 얻어지는 목표 의식이 국가와 조직을 움직이는 큰 힘이 된다고 보았다. 이와 같은 조직 경영의 비전은 가치를 중시하는 가치관 경영과 그 맥을 같이 한다.

정치 참여

미자편(微子篇)

논어 미자(微子)편에 보면 정치 참여와 은자의 삶에 대한 대비를 뚜렷이 읽을 수 있다. 아시다시피 공자는 자신의 정치적 이상을 펼치기 위해 열국을 주유하였다. 그러나 이상주의자였던 공자를 쓰고자 했던 제후가 없어 다시 고향으로 돌아와 교육과 저술에 힘쓰게 된다.

공자는 은자의 삶이 부당한 것은 아니지만 아름답게 미화되는 것도 합당한 태도는 아니라고 보았다. 공자에게 있어 '어진 사람'은 높은 가치를 지니는 칭송의 대상이다.

微子去之 箕子爲之奴 比干諫而死 孔子曰 殷有三仁焉
미자는 떠나가고 기자는 종이 되고, 비간은 간하다가 죽었으니 공자께서
말씀하셨다. "은나라에 세 사람의 어진 이가 있었느니라."

은나라의 주왕이 포악한 정치를 하자 이복형인 미자(微子)는 정치에

참여하지 않고 종사(宗祀)를 보전하였고, 숙부인 기자(箕子)와 비간(比干)은 주(紂)의 부당함을 간하다가 비간은 죽었고 기자는 옥에 갇혀 결국 종이 되는 수난을 당하였다. 공자는 이 세 사람의 고단한 삶을 '어진 사람'이라고 표현함으로써 난세에도 정치적 정의를 주장하는 것이 은둔을 위한 은둔보다는 값진 것임을 보여 주고 있다.

問於桀溺 桀溺曰 子爲誰 曰 爲仲由 曰是魯孔丘之徒與 對曰然 曰滔滔者
天下皆是也 而誰以易之 且而 與其從辟人之士也 其若從辟世之士哉
耰而不輟

걸익에게 물으니 대답했다. "그대는 누구요?" 이어 말했다. "중유라 하오." 다시 말했다. "그렇다면 노나라의 공자의 제자인가?" 대답하며 말했다. "그렇소이다." 다시 말했다. "거역할 수 없는 흐름은 온 세상이 모두 그러하니 누가 바꿀 수 있겠는가? 또한 그대는 사람을 피하는 선비를 따름보다는 차라리 세상을 피해서 숨어 사는 선비를 따르는 것이 어떻겠는가?"하고 씨앗 덮는 일을 그치지 아니하였다.

•

子路 行以告 夫子 憮然曰 鳥獸不可與同群 吾非斯人之徒與 而誰與
天下有道 丘不與易也

자로가 떠나와서 아뢰니, 공자께서 탄식하며 말씀하셨다. "사람은 새와 짐승과는 가히 함께 어울리지 못할 것이니 내가 이 사람의 무리와 함께하지 않고 누구와 함께 하리오. 천하에 도가 있다면 나는 함께 하여 바꾸지 아니하리라."

당시의 은자 걸익(桀溺)과 자로의 대화에서 걸익은 공자에 대해 비판적인 시각을 지니고 있음을 엿볼 수 있다. 걸익의 논리에 따르면 거역할 수 없는 흐름을 바꿀 수 없고, 사람을 피하는 선비를 따르는 것보다는 세상을 피해서 숨어 사는 선비의 삶을 따르는 것이 낫다고 주장한다. 그러나 공자는 걸익의 주장에 대해 사람이 새와 짐승과는 무리를 이룰 수 없으므로 인간은 어디까지나 인간의 사회 속에서 무리를 이루고 사회를 변혁하기 위해 노력해야 한다고 주장한다. 특히 공자는 도가 있다면 나는 이웃과 더불어 바꾸지 않겠다고 말하고 있다. 바꿀 것은 바꾸고 지킬 것은 지켜야 하는 것이 정치다. 바꾸는데 강조점을 둔 집단도 있고, 지킬 것을 중요시하는 집단도 있다. 공자의 입장에서는 사람을 피하는 선비가 아니라 적극적으로 자신의 뜻을 실천할 수 있는 제후를 찾는 선비였다고 할 수 있다.

공자는 자신의 이상 정치를 펼 수 없는 상황에 직면할 경우 떠나기를 주저하지 않았다.

齊人 歸女樂 季桓子 受之 三日不朝 孔子 行
제나라 사람이 미녀와 악단을 보내주니 노나라 계환자가 그것을 받고 삼일을
조회하지 아니하니 공자께서 떠나셨다.

한편, 공자가 생각한 정치 이상은 과거나 오늘이 아닌 내일을 지향하고 있음을 이상주의자 접여와의 만남을 통해 보여주고 있다. 내일을 바라보고 정치를 하라는 말은 근시안적인 안목이 아닌 너른 안목으로 정치를 보고 기획해야 함을 말한 것이다.

楚狂接與 歌而過孔子曰 鳳兮鳳兮 何德之衰 往者 不可諫 來者 猶可追

已而已而 今之從政者 殆而

초나라의 이상주의자 접여가 노래하면서 공자에게 지나며 말했다. "봉이여! 어찌하여 덕이 쇠하느냐? 지나간 것은 간하여 고치지 못 하려니와 오는 일은 오히려 좇을 수 있으니 말지어다, 말지어다! 오늘날의 정사를 좇는 이는 위태하니라."

•

孔子 下欲與之言 趨而辟之 不得與之言

공자께서 내리시어 함께 말하고자 하니, 빨리 달려가 피하므로 함께 말하지 못하시었다.

요약하면 공자의 정치 참여에 대한 태도는 벼슬을 맡아야 할 때 소임을 맡고 물러나야 할 때 물러나며 시간을 요할 때 기다릴 줄 알고, 신속히 하여야 할 때 신속히 하는 것이므로 가한 것도 없고 불가한 것도 없는 군자불기(君子不器)의 유연한 태도, 또는 보편적 진리를 담을 수 있는 공간과 여유의 미학과 같은 것이라 말할 수 있다.

謂虞仲夷逸 隱居放言 身中淸 廢中權 我則異於是 無可無不可

우중과 이 일을 말했다. "숨어 살면서 말을 함부로 하나 몸이 깨끗한데 맞고 스스로 폐하는 것이 권도에 맞느니라. 그러나 나는 이와 달라서 옳음도 없고 옳지 않음도 없느니라."

행정의 원칙

요왈편(堯曰篇)

자장(子張)이 행정을 어떻게 해야 하는지 공자에게 묻자 공자는 다섯 가지 미덕을 존중하고 네 가지 악덕을 물리치라고 답한다. 오늘날의 행정에서도 존중되어야 할 가치이자 전략이다.

子張 問於孔子曰 何如 斯可以從政矣 子曰 尊五美屛四惡 斯可以從政矣
子張 曰 何謂五美 子曰 君子 惠而不費 勞而不怨 欲而不貪 泰而不驕
威而不猛 子張曰 何謂惠而不費 子曰 因民之所利而利之 斯不亦惠而不費乎
擇可勞而勞之 又誰怨 欲仁而得仁 又焉貪 君子 無衆寡 無小大
無敢慢 斯不亦泰而不驕乎 君子 正其衣冠 尊其瞻視 儼然人望而畏之
斯不亦威而不猛乎

자장이 공자에게 물었다. "어떻게 해야 정사에 종사할 수 있겠습니까?"
공자께서 말씀하셨다. "다섯 가지 미덕을 존중하고 네 가지 악덕을 물리치면
정사에 종사할 수 있다."
자장이 다시 물었다. "무엇이 다섯 가지 미덕입니까?"
공자께서 말씀하셨다. "군자는 은혜를 베풀되 낭비하지 않으며 수고하되 원망하지

않으며 하고자 하되 탐내지 않으며 화려하되 교만하지 않으며 위엄이 있으되 사납지 아니하니라."

자장이 말했다. "무엇을 일러 은혜를 베풀되 허비치 않는다고 합니까?"

공자께서 말씀하셨다.

"백성에게 이로운 바를 이롭게 하니 이것이 은혜를 베풀되 낭비하지 않는 것이 아니겠느냐? 수고할만한 것을 가려서 수고롭게 하면 또한 누가 원망하겠는가? 인(仁)하고자 하여 인(仁)을 얻으니 또한 어찌 탐하리오. 군자는 많고 적음이 없으며 일의 작고 큰 것이 없이 거만하지 않으니 이것이 또한 크고 화려하되 교만하지 않은 것이 아니겠느냐? 군자는 그 의관을 바르게 하며 그 바라봄을 정중히 하여 엄숙하니 사람들이 바라보고 이를 두려워하니 이것이 위엄이 있으되 사납지 않은 것이 아니냐?"

공자가 본 다섯 가지 덕에서 첫째 '혜이불비(惠而不費)'는 국민의 복리(福利)에 초점을 맞추어 행정을 해야 돈의 낭비를 막을 수 있다는 것이다. 행정이 국리민복을 위한 것이라면 국가의 예산을 국리민복을 위해 바로 써야 행정의 낭비를 막을 수 있다.

둘째, '노이불원(勞而不怨)'은 국민의 노역이 꼭 필요한 경우에 인력을 동원하는 것은 결국은 자신들에게 도움이 되는 자신의 일이기에 일하더라도 원망하거나 불만이 없다.

셋째, '욕이불탐(欲而不貪)'은 목민관으로서 국민에게 사랑과 봉사를 행하는데 그 순수한 목적이 있었다면 그것을 실천함으로써 인격을 쌓았으면 그만이지 다른 탐할 것이 없다는 당당한 태도를 말한다. 행정의 부패는 언제나 참된 나, 정직한 나를 벗어난 탐욕으로부터 비롯된다.

넷째, '태이불교(泰而不驕)'는 사람을 대함에 있어 많고 적음, 크고 작음에 관계없이 언제나 거만하지 않고 겸손해야 함을 말한 것이다.

특히 사람을 대함에 있어 남과 비교하는 일은 스스로 불행을 자초하는 일이 될 수 있다. 행정의 목표 설정도 상대 평가보다는 현실과 상황에 맞는 절대 평가를 기반으로 하여 목표 설정이 이루어져야 한다.

다섯째, '위이불맹(威而不猛)'은 행정의 권위가 소리치고 억압적인 분위기를 조성하는 데서 오는 것이 아니라 평소의 몸가짐을 바르게 하는 데서 와야 함을 의미한다. 권위는 인격에서 오는 것이지 폭력적인 수단을 동원하는 데서 오는 것이 아니다.

반면에 버려야 할 네 가지 악에 대해 공자는 다음과 같이 말한다.

子張曰 何謂四惡 子曰 不敎而殺 謂之虐 不戒視成 謂之暴 慢令致期 謂之賊
猶之與人也 出納之吝 謂之有司

자장이 물었다. "그러면 네 가지 악덕이 무엇입니까?"

공자께서 말씀하셨다. "가르치지 아니하고 죽이는 것을 잔학이라 이르고, 미리 경계하지 않고 결과만을 보려는 것을 포악이라 하고, 명령을 늦게 내리고 기한 내에 맞추라고 하는 것은 잘못을 하게끔 훔치는 것이고, 마땅히 사람에게 주어야 하되 출납을 인색하게 하는 것을 창고지기라 한다."

공자가 본 네 가지 악덕 중에 첫째는 가르치지 않는 것이다. 국민을 교육시켜야 국민의 눈이 트이고 바른 인식을 형성하게 된다. 존재 이유를 모르고 목적의식과 자신의 가치를 인식하지 못하게 하는 것은 잔학한 것이다.

둘째는 미리 안내하여 행동하고 실천하게 하지 않고 좋은 결과를 기대하는 것은 포악한 행정이라는 것이다. 좋은 행정은 프로세스를 정교하게 하여 국민이 따를 수 있는 절차와 과정을 통해 목표에 도달할 수 있도록 친절하게 안내해야 한다.

셋째는 명령은 늦게 하고 급박하게 그 시기를 재촉하는 행위로 국민들이 피해를 보게 하는 것으로 도적에 비유하고 있다. 필요한 시간이 충족되지 못하는 명령은 곧 국민의 명령 준수를 어렵게 하여 그들을 죄인으로 만든다.

넷째는 국민에게 주어야 할 물량과 예산을 베풀지 않고 쌓아 두어 국민을 어렵게 하는 것은 창고지기와 같다.

좋은 행정은 예나 지금이나 국리민복에 초점을 맞추어 예산을 사용하고 국민을 위해 봉사하는 행정을 펼치며 국민을 교화하여 스스로 법을 지킬 수 있도록 이끄는 행정이다.

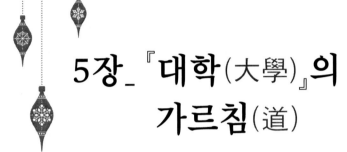

5장_『대학(大學)』의 가르침(道)

大學之道 在明明德 在親民 在止於至善

<大學>

대학의 길은 밝은 마음을 밝혀 민중과 함께 하여 지극한 선(善)에 이르게
함에 있다.

환한 마음의 등불을 밝히자(明明德)

대학의 첫째 목표는 타고난 밝은 마음을 제대로 작동시키는 데 있다. 밝은 마음이란 사람이 하늘로부터 얻은 가능성을 의미한다. 형체가 없으나 맑고 환하여 거울이 물건을 비추는 것과 같다고 하고 많은 사람과 물건 속에 갖추어져 있어 모든 일이 감응(感應)될 수 있다고 보았다. 다만 인욕(人欲)이 적폐를 만들어 한때 우리를 어둡게 하나 그 본체의 밝음은 엄연히 존재하는 것이므로 진솔하게 마음의 등불을 밝히면 근본으로 돌아갈 수 있다. 유가의 이와 같은 생각은 긍정의 믿음이며 철학이다. 유가가 지향하는 휴머니즘은 환한 긍정의 휴머니즘이다.

나는 외국을 여행하면서 공자가 말하고 정자(程子)가 설명한 대학의 주석에 공감한다. 가난한 나라든 부자 나라든 어린아이의 모습을 보면 밝고 환한 기운과 표정을 읽을 수 있다. 그러나 어른의 모습을 보면 다르다. 그것은 사회적 환경과 문화가 다른 데서 오는 세월의 흔적이다. 그러나 인간이란 공통점은 차이점보다 크다.

모든 인간에게 부여된 밝고 환한 마음을 작동시키려면 순서와 절차를 따라야 한다.

知止而后 有定 定而后能靜 靜而后能安 安而后能慮 慮而后能得
마음은 머물러 있을 줄을 알게 된 후에야 정해지고, 정해진 후에야 고요해질 수 있고, 고요해진 후에야 평안할 수 있고, 평안하여진 후에야 생각할 수 있고, 생각한 후에야 능히 얻을 수 있다.

•

物有本末 事有終始 知所先後則近道矣
사물에는 근본과 말단이 있고, 일은 처음 할 것과 끝에 할 것이 있다. 먼저 하고 뒤에 할 바를 알면 도에 가까워진다.

대학의 주석에 따르면 명덕(明德)과 지지(知止)는 근본이고 시작이라면, 신민(新民)과 능득(能得)은 말단이고 끝이다. 오늘날의 논리로 말한다면 명덕과 지지는 독립변인이고 신민과 능득은 종속변인이다. 이를 역으로 말하면 결과(能得)를 얻으려면 생각이 있어야 하고, 생각은 마음의 안정을 필요로 하며, 마음의 안정은 욕심을 절제할 줄 알고 실천할 때 온다. 행동은 동적이어야 하지만 마음은 그 기본에 충실한 안정성을 확보해야 한다.

'지지(知止)'란 문자 그대로 멈출 줄 안다는 의미이지만 이는 있어야 할 곳, 최선의 위치에 머무른다는 의미를 함유한다. 뜻이 올바른 방향을 지향하고, 마음이 헛되이 동요하지 말아야 '지지(知止)'에 이를 수 있다. 이는 비유적으로 말하면 자동차 운전에서 제동 장치가 정상적으로 작동하는 것과 같다. 가속장치도 중요하지만 제동 장치는 더욱 중요하다. 제동장치가 제대로 작동하지 않는다면 그 자동차는 도로에 나올 자격이 없다.

그러나 '지지(知止)'와 '안정(安定)'에만 머물러 있어야 한다는 말은 아니다. 이 정적인 안정이 동적인 창조로 전환될 때, 우리는 생산과 창조가 가능하게 된다. 그 창조와 생산이 '능려(能慮)'이고 '능득(能得)'이다.

대학의 저자가 제기한 또 하나의 '근도(近道)'의 논리는 수신(修身)과 치국(治國)의 관계이다. 도(道)에 가까이 가려면 치국이 아니라 수신으로부터 시작해야 하고, 수신도 '격물(格物)'과 '치지(致知)'에서 시작해야 '의성(意誠)'과 '정심(正心)'에 이를 수 있다. 유가의 '근도(近道)'의 논리는 가까운 곳에서부터 시작하여 세계로, 내 마음으로부터 시작하여 타인에게로, 현재로부터 미래로, 과거로부터 현재로, 근본으로부터 말단으로, 경험으로부터 논리로 나아간다.

古之欲明明德於天下者 先治其國 欲治其國者 先齊其家 欲齊其家者
先修其身 欲修其身者 先正其心 欲定其心者 先誠其意 欲誠其意者
先治其知 致知在格物

옛날에 밝은 덕을 천하에 밝히려고 한 사람은 먼저 자기의 나라를 다스렸고,
자기의 나라를 다스리려고 한 사람은 먼저 자기의 집을 가지런히 하였고,
자기의 집을 가지런히 하고자 하는 사람은 먼저 그 몸을 닦고,
그 몸을 닦고자 하는 사람은 먼저 그 마음을 바르게 하고,
마음을 바르게 하고자 하는 자는 먼저 그 뜻을 간절하게 하고,
그 뜻을 간절하게 하고자 하는 자는 그 앎을 지극하게 하고,
지극한 앎은 사물의 이치를 밝히는 데 있다.

결국 '격물(格物)'과 '명덕(明德)'으로부터 수신제가치국평천하(修身齊家治國平天下)가 가능하다. 천하를 얻고자 하는 자는 사물의 이치를 바르게 알고, 밝은 마음의 등불을 밝혀 자기 자신부터 바르게 행동할 때 치국과 평천하의 길을 열 수 있다. 특히, 유가의 격물은 인위적인 것을 배척한다. 사물의 궁극적 이치는 흐르는 물과 같아서 인위적으로 작동시키는 것이 아니라 하늘의 이치와 소리에 부합하도록 해야 한다. 사람이 하늘의 이치를 바로 알고 하늘의 명령이 잘 이루어지도록 도와야지 이를 인위적으로 막거나 통제하려고 해서는 안 된다. 스스로 마음을 밝혀야 하며, 스스로 하늘의 밝은 명령을 돌아보아야 한다.

특히, 수신(修身)의 길로서 중시한 것은 '간절한 뜻과 정성(意誠)'으로 우리의 마음을 바르게 하려는 역동적인 동기를 중시하였다. 하고자 하는 간절한 꿈이 있다면 나와 우리 가족으로부터 시작하여 지금 여기에서 출발하여 우리의 실천 무대를 넓혀 가야 한다. 유가의 수신(修身)은 통제와 절제가 아니라 성장과 도전을 통하여 자신의 지평을 넓혀 가는 것이다.

나날이 새로워 져라(日日新 又日新)

　대학의 이 말은 오늘 하루 새로워지는 것으로는 부족하고, 오늘 새로워
지고 내일 새로워지고 또 날로 새로워져서 그 변화가 중단되어서는
안 된다는 의미를 지니고 있다. 유가의 온고이지신(溫故而知新)은 '온고
(溫故)'라는 과정을 통하여 '지신(知新)'에 이르는 데 그 목적이 있다. 유가
의 사상은 절대로 보수주의가 아니다. 철저한 학습과 경험을 통해
자신을 새롭게 하고자 하는 진보를 지향한다. 유학의 중용은 보수도
아니고 진보도 아니다. 그것은 보수와 진보의 균형을 의미한다. 공자
의 중용은 타협이 아니라 전체의 무게를 감당해 낼 수 있는 중심점을
의미한다. 그러면서도 『대학(大學)』의 2장에 언급된 것과 같이 그 무게
중심을 늘 새롭게 해야 한다. 지선의 경지는 고정된 무게 중심이 아니
라 늘 그 지선의 경지를 새롭게 하는 데서 얻어진다.

詩曰周雖舊邦 其命維新 是故 君子 無所不用其極

시(詩)에 이르기를 주(周)나라는 비록 오래된 나라이나 그 천명이 새롭다.

이런 고(故)로 군자는 그 극치(至善)를 구현하지 않은 곳이 없다.

주석에 따르면 주나라는 오래된 나라이나 문왕 때 이르러 그 마음을 새롭게 하여 백성에 이르게 함으로써 천명을 새롭게 받았다고 설명하고 있다. 이는 천명이 고정된 개념이 아니라 늘 새롭게 다시 써야 한다는 것을 의미한다. 우리의 목표는 고정 개념이 아니라 시대에 맞게 다시 써야 한다. 변화하지 않으면 개인도 집단도 살아남을 수 없다. 이는 다시 말하면 생존을 위해서 변화해야 한다. 오늘 변화했다고 해서 거기에 만족하고 중단하면 발전이 중단되어 퇴화하고 자멸하게 됨을 의미한다. 따라서 변화는 오늘로 끝나는 것이 아니라 지속적으로 이루어져야 한다.

살아 있는 것은 고정된 것이 없다. 살아 있는 생명체는 늘 변화의 과정 속에 있다. 사람도 조직도 지속적으로 변화해야 하고 그 변화의 기초는 1장에서 언급된 '밝은 마음'에 그 기반을 두어야 한다. 청정한 마음에서 우러나오는 진솔한 목소리에 뿌리를 내린 정책을 펼쳐야 민심을 얻을 수 있다. 밝은 마음은 참된 진리와 사랑에 그 뿌리를 내려야 한다.

특히 그 방법론에 있어서 허망한 사유가 아니라 철저한 경험과 실험에 토대를 둔 '격물(格物)'에 토대를 두어야 한다. '격물(格物)' 이후에 '지지(知至)'함으로 '격물(格物)'을 통하여 '지(知)'에 이르러야 한다. 격물은 실제로 사물을 경험하고 평가하고 실험하는 데서 얻어지는 앎을 의미한다. 격물은 공허한 사유가 아니라 철저히 체험해 보고, 실험해 보고, 평가해 보는 데서 얻어지는 실물에 기초한 앎이요, 사유이다.

그리워하게 하라

    대학의 3장은 '있어야 할 곳(至善)'에 머물러야 함을 말하고 있다. 있어야 할 곳에 제대로 있었는지에 대한 합당한 평가는 개인이든 조직이든 그가 사멸한 자리에서 제대로 평가된다. 이는 역으로 지금의 나에 대한 평가는 지금 내가 사멸한다면 나를 아는 사람들이 잊지 않고 그리워할 수 있어야 한다. 물론 불가(佛家)의 사유 체제로 말한다면 사후의 평가 자체도 덧없는 집착에 불과한 것이다. 그러나 유가는 사후 세계에 대한 집착이 아니라 오늘을 제대로 살기 위해 사멸한 후의 평가를 가정하는 것이다. 유가의 사상은 내세에 관심이 있는 것이 아니라 오늘을 철저히, 제대로 살기 위해 사후의 잣대로 오늘을 보는 것이다. 오늘 나의 삶이 타인에게 잊혀지지 않는 그리움이 된다면 오늘 나는 제대로 된 가치를 창출하며 사는 것이다. 그리고 그 가치는 나의 영혼을 풍성하게 하는 것이다. 나의 영혼은 과거도 현재도 미래도 아닌 그 연속선 상에서 본 나의 실체다.

詩云瞻彼淇澳 菉竹猗猗 有斐君子 如切如磋 如琢如磨 瑟兮僩兮 赫兮喧兮
有斐君子 終不可諠兮 如切如磋者 道學也 如琢如磨者 自修也 瑟兮僩兮者
恂慄也 赫兮喧兮者 威儀也 有斐君子終不可諠兮者 道盛德至善

民之不能忘也

시(詩)에 이르기를,

"저 기오(淇澳)를 보라. 녹죽(菉竹)이 아름답게 무성하도다.
아우라(aura)가 있는 군자, 끊어 놓은 듯 닦아 노은 듯, 쪼아 놓은 듯 갈아 놓은 듯,
엄연하고 의연하며, 빛나고 훤하다. 아우라가 있는 군자, 내내 잊지 못하리로다"라
하였다. '끊어 놓은 듯 닦아 놓은 듯'은 배움(學)을 말한 것이고, '쪼아 놓은 듯 갈아
놓은 듯'은 스스로 덕을 닦은 것이다. 엄연하고 의연한 것은 당당한 것이고 빛나고
훤한 것은 아우라이다. 아우라가 있는 군자를 내내 잊지 못한다는 것은 성취한
공덕과 지극한 선(善)을 백성들이 잊지 못함을 말한 것이다.

위의 시편에서 말하는 '문채(斐)'는 현대적 의미의 '아우라(aura)'와
같다. 아우라가 있는 군자는 빛나고 훤하며(赫兮喧兮), 내내 잊혀지지
않는다(終不可諠兮). 잊혀지지 않는 그리움의 대상이 되려면 성취한 공
덕이 있어야 하며, 지극한 열정(至善)이 요구된다. 도학(道學)은 강의를
듣고 배운 것을 실천하며 이를 논의하는 것을 이른다. 자수(自修)는
스스로를 성찰하는 일이다. 도학(道學)과 자수(自修)를 통해 절차탁마
(切磋琢磨)하고 공덕을 성취하며 열정적으로 온전하게 살아갈 때 그
사람은 잊혀지지 않는 그리움의 대상이 된다.

여기에서 한 가지 생각해야 할 점은 3장의 핵심어인 '지어지선(止於
至善)'의 의미이다. '지선(至善)'에 머무른다는 말은 정적인 개념이 아니
라 최선을 다하는 동적인 태도를 뜻한다. 삶을 대충 사는 것이 아니라
치열하게 열정을 다해 백퍼센트 다 태우면서 온전하게 사는 것이다.

시경에 따르면 문왕은 인간관계에 있어 원칙을 중시하였고 조직의 지도자로서 구성원의 복지를 최대화하고자 하는 경영을 실천함으로써 그리움의 대상이 되었다.

詩云於戱 前王不忘 君子 賢其賢而親其親 小人 樂其樂而利其利
此以沒世不忘也

시에 이르기를, 아아! 전왕(前王)을 잊지 못하겠다. 군자는 현명한 사람을 현명하게 여기고, 어버이를 어버이로 모시었다. 민중(소인)은 마땅히 즐겨야 할 것을 즐기고, 이익이 되는 일에서 이익을 취하였다. 이 때문에 세상을 떠났는데도 잊지 못한다.

인용된 시편은 인간관계에 있어 사람을 제대로 알고 제대로 대접해야 한다는 의미와 더불어 한 조직을 이끄는 지도자는 구성원에게 경제적 안정과 행복을 촉진할 수 있도록 해야 함을 함의한다.

우리는 도학(道學)과 자수(自修)를 통해 인품을 닦아야 하며, 인품을 바탕으로 사회적 공덕을 쌓고 열정을 다할 때, 그리움의 대상이 될 수 있는 온전한 삶을 완성할 수 있다.

스스로 속이지 말라

유학에서 인간 행동의 의지를 강조하여 말한다. 이는 달리 말하면 인간이 행동의 실천에 열정을 다해야 한다는 말이 된다. 열정적인 삶의 태도를 견지하려면 무엇보다 중요한 것이 자기를 속이지 않는 것이다. 우리는 양심적일 때, 정정당당할 때, 스스로 열정적일 수 있고 삶에 대한 진정한 용기를 보일 수 있다.

所謂誠其意者 毋自欺也 如惡惡臭 如好好色 此之謂自謙
故君子必愼其獨也
이른바 그 뜻에 정성을 다한다 함은 스스로를 속이지 말고 악한 일은 악취(惡臭)를
미워하는 것과 같이 하고 선한 일은 여인을 좋아하는 것과 같이 하는 것이다. 이는
이른바 스스로 즐겁게 되는 일이니, 그러므로 군자는 반드시 남이 알지 못하는
자기 자신을 삼간다.

주석에 따르면 '겸(謙)'은 즐거움이며 족(足)한 일이다. 자신에게 정직한 태도가 겸손이요 기쁨이란 의미가 된다. 또한 '독(獨)'은 남이 알지 못하는 자기 자신의 영역을 의미한다. 신독(愼獨)이란 스스로 통제함으로써 스스로 자기 자신에 대하여 긍지를 느끼게 되는 것을 의미한다.

小人 閑居爲不善 無所不至 見君子而后 厭然揜其不善而著其善 人之視己
如見其肺肝 然則何益矣 此謂誠於中 形於外 故君子必愼其獨也

소인이 한가함에 선하지 않은 일을 이르지 못할 바가 없이 행하다가 군자를 보고 난 이후에 황급히 그 선하지 않은 바를 감추고 선한 것을 드러내려 한다. 남이 나를 보는 것이 그 폐와 간을 보는 것과 같으니 무슨 보탬이 되겠는가? 이것은 이른바 마음이 정성되면 밖으로 드러난다고 하는 것이다. 그러므로 군자는 반드시 그 자신을 삼간다.

우리의 가장 큰 산은 바로 자기 자신이다. 한가할 때 한없이 게을러져서 옳지 못한 일을 하다가 이를 감추려 해도 밖으로 들어나 숨길 수 없으므로 군자는 반드시 자기 자신을 스스로 절제할 줄 알아야 한다. 자기 자신을 통제하는 가장 좋은 방법은 자신의 양심에 따라 스스로를 속이지 않는 것이다.

우리는 흔히 정직이 인생을 살아가는 최선의 방책이라 말한다. 그 정직의 원본이 바로 자기 자신에게 솔직해지는 것이다. 자기 자신에게 정직한 태도가 자존감의 원천이다. 건강한 자존감은 자신에 대한 정직성에 그 뿌리를 둔다. 오늘날 중요한 인격적 자질로 거론되는 도덕성 또한 자신에 대한 정직성이 그 기본이다. 그리고 그 도덕성은 우리의 몸으로 나타나기도 한다.

富潤屋 德潤身 心廣體胖 故君子必誠其意
부유함은 집을 윤택하게 하고 덕은 몸을 윤택하게 하여 마음이 넓어지고 몸이
평안해진다. 그러므로 군자는 반드시 그의 꿈에 열정을 다한다.

우리의 도덕성의 출발점은 자신에 대한 정직이며, 도덕성의 근간이
되는 것도 자기 자신에 대한 정직성이다. 정직은 자신의 인격에 기초
일 뿐만 아니라 사회적으로는 인간과 인간 사이에 믿음의 근간이 되는
것이다.

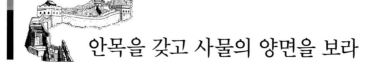

안목을 갖고 사물의 양면을 보라

대학의 7장은 수신의 요체가 마음을 바르게 하는 데 있음을 보이면서 마음이 없으면 보아도 볼 수 없고 들어도 들을 수 없으며 먹어도 그 맛을 알 수가 없다고 말한다. 이때의 마음은 관심과 사물을 보는 안목을 의미한다. 이는 수신의 중심이 우리의 마음, 곧 우리의 인식에 있음을 보여준다. 또한, 마음에 분노, 두려움, 걱정이 있으면 마음을 바르게 하기 어렵다고 보았다.

所謂修身在正其心者 身有所忿懥則不得其正 有所恐懼則不得其正
有所好樂則不得其正 有所憂患則不得其正 心不在焉 視而不見 聽而不聞
食而不知其味

소위 몸을 닦음은 그 마음을 바르게 함에 있다. 마음에 분노가 있으면 마음을
올바르게 할 수 없다. 마음에 두려움이 있으면 마음을 올바르게 할 수 없다. 마음이
쾌락에 사로잡히면 마음을 바르게 할 수 없다. 마음에 근심 걱정이 있으면
그 마음을 바르게 할 수 없다. 마음이 있지 않으면 보아도 볼 수 없고 들어도
들을 수 없으며 먹어도 그 맛을 모른다.

우리가 그 마음을 바르게 하려면 우리의 인식이 올바르게 이루어져야 한다. 그리고 그 올바른 인식은 마음의 평화와 더불어 사물을 객관적으로 바라보는 태도를 요구한다. 우리가 사물을 올바르게 인식하는 관건은 무엇인가? 이에 대해 유가는 편견을 버려야 함을 강조하면서 사물의 양면을 볼 수 있어야 편견을 극복할 수 있다고 힘주어 말한다.

所謂齊其家 在修其身者 人之其所親愛而辟焉 之其所賤惡而辟焉
之其所畏敬而辟焉 之其所哀矜而辟焉 之其所敖惰而辟焉 故好而知其惡
惡而知其美者 天下鮮矣

이른바 그 가정을 가지런히 함은 자신을 바르게 함에 있다. 사람은 그가 친애하는
것에 편견을 가지며 그가 천하게 여기고 싫어하는 것에 편견을 가진다. 사람은
그가 두려워하고 존경하는 것에 편견을 가지며 그가 슬퍼하고 긍지를 느끼는
것에 편견을 가지며 그가 거만하고 게으름을 부리는 것에 편견을 가진다. 따라서
좋아하면서 그 나쁜 점을 알고, 미워하면서도 그 아름다움을 보는 자는 드물다.

유가의 사유체계 속에서 편견을 극복하는 방법은 사물의 양면을 보는 데 있다. 장점이나 단점만을 보면 편견이 생긴다. 장점과 단점을 동시에 볼 수 있을 때 우리는 사고의 균형추를 바로 잡을 수 있다. 우리가 부정적인 면만 보면 긍정적인 면을 놓칠 수 있고, 긍정적인 면만 보다가 오만에 빠지는 것도 균형 잡힌 사고 태도는 아니다. 한 가정을 가지런하게 다스리는데도 균형 잡힌 시선과 생각 및 태도가 필요하다. 사물의 양면을 볼 수 있어야 우리는 전체를 보고 문제를 해결할 수 있다. 그리고 양면을 볼 수 있어야 문제의 해결책인 대화가 가능하게 된다. 흑백

논리는 대화를 불가능하게 하며 우리는 일단 상대방의 관점을 이해해야 대화의 길로 나설 수 있다. 한 가정을 가지런히 하는 데도 대화는 최선의 방법론이자 해결책이고, 대화의 출발은 양면을 보는 데서 비롯된다.

기본에 충실해라

대학의 9장은 '제가(齊家)'와 '치국(治國)'에 관해 논하고 있다. 유가의 논리는 선후가 있어 치국의 전제가 제가이며, 제가의 전제가 수신이다. 따라서 치국평천하(治國平天下)의 기본은 수신제가(修身齊家)이고, 수신제가에 충실할 때 치국이 가능하게 된다.

所謂治國 必先齊其家者 其家不可敎而能敎人者 無之 故君子
不出家而成敎於國 孝者 所以事君也 弟者 所以事長也 慈者 所以使衆也
이른바 나라를 다스림이 반드시 먼저 그 가정을 가지런히 함에 있다. 가정을
가르치지 않고 남을 가르칠 수 없다. 그러므로 군자는 집을 나가지 않고도 나라에
가르침을 펼 수 있다. 효(孝)는 임금을 섬기는 길이고 공경(弟)은 어른을 섬기는
길이며 자애는 무리를 부리는 길(道)이다.

효(孝)와 제(弟)와 자(慈)는 자신을 닦는 수신의 과제이자 목표이다. 이 효와 제와 자가 가정을 가지런히 하고 나라에 적용되면 국가를

경영하는 길(道)이 된다. 이와 같은 사유 체계는 한 사람과 한 가정이 바르게 되면 그 파급 효과가 한 나라에 미칠 수 있음을 시사한다.

一家仁 一國興仁 一家讓 一國興讓 一人貪戾一國作亂 其機如此
此謂一言僨事 一人定國

한 가정이 인(仁)하면 한 나라에 인(仁)이 퍼지고 한 가정이 양(讓)하면 한 나라에 양(讓)이 퍼지고 일인이 욕심을 부리면 한 나라가 어지럽다.
그 원인과 결과가 이와 같으니 한 마디 말이 일을 그르치고 한 사람이 나라를 평안하게 한다.

도덕적 가치의 전파에도 이와 같은 나비 효과가 적용된다고 보았다. 유가에서 본 나비 효과는 기본에 충실할 때 그 효과가 크다고 본다. 그렇다면 유가에서 본 기본은 무엇인가? 그것은 나에게서 없는 것을 남에게서 구하지 말며, 나에게 갖추어진 것을 남에게 기대해야 한다는 것이다. 이를 달리 말하면 내가 경험을 통해서 알고 있는 것을 남에게 가르칠 수 있고, 내가 경험을 통해 성취한 것을 남에게 기대할 수 있다는 의미가 된다. 이 말을 다시 한 번 확장하면 나의 마음이 타자와 공감하지 못하면 그 타자를 깨우칠 수 없고, 교육은 공감과 감동이 없이 성취될 수 없다.

堯舜 帥天下以仁而民從之 桀紂 帥天下以暴而民從之 其所令
反其所好而民不從 是故君子有諸己而後 求諸人 無諸己而後 非諸人
所藏乎身不恕 而能喻諸人者 未之有也

요와 순이 천하를 인(仁: 법도를 갖춘 사랑)으로써 다스리니 백성이 이를 따랐다. 걸(桀)과 주(紂)가 천하를 폭력으로 다스림에 백성이 이를 따랐다. 그 명령하는 바가 그 좋아하는 바와 반(反)하면 백성이 따르지 않는다. 이런 까닭에 군자는 자기에게 있은 후에 남에게서 구하며, 자기에게서 없어진 후에 남에게도 없애야 한다고 말한다. 자신의 몸에 지닌 바와 같지 아니하면 다른 사람을 깨우칠 수 없다.

유가의 황금률이자 기본은 자신이 수신을 통해 깨닫고 경험하고 성취한 것이 아니면 남을 가르치거나 남에게서 그것을 기대할 수 없다는 것이다. 자신에게 없는 것을 기대하는 것은 과욕이다. 그리고 그 실천과 경험의 장도 자신으로부터 시작하여 가정과 사회, 국가와 세계로 넓혀 가야 한다. 그리고 수신을 통해 기초와 기본에 충실할 때 제가(齊家)와 치국(治國)과 평천하(平天下)가 진행된다는 의미를 함의한다.

입장 바꿔 생각하고 헤아려라

대학의 마지막 장인 10장의 핵심 어휘는 '혈구지도(絜矩之道)'이다. 혈구지도를 여러 가지 측면에서 이야기하고 있다. 먼저 세상을 다스리는 이치에서 보면 '애민(愛民)'의 방법으로 혈구지도를 말하고 있다.

所謂平天下 在治其國者 上老老而民興孝 上長長而民興弟 上恤孤而民不倍
是以君子有絜矩之道也

이른바 천하를 화평하게 하는 것이 나라를 다스리는데 있다. 윗자리에 있는
사람이 노인을 노인으로 모시면 백성들 사이에 효성의 기풍이 일어난다. 윗사람이
어른을 어른으로 모시면 공경의 풍토가 조성된다. 윗사람이 어려운 사람을 도우면
백성들이 신뢰를 갖는다. 이런 까닭에 군자에게는 법도를 헤아리는 도가 있다.

정치를 하는 사람이 사랑을 솔선수범할 때 국민이 지도자와 같이
그 사랑을 실천하는 기풍이 일어난다. 따라서 여기에서의 '혈구지도(

絜矩之道)'는 같은 잣대로 사랑을 실천해야 사랑이 소통될 수 있다는 입장이다. 달리 말하면 노인을 노인의 입장과 눈높이에서 보고 정책을 세워야 효의 기풍이 일어난다는 뜻을 내포한다. 또한 사랑을 보임에도 편견이 없이 법도를 지켜야 그 사랑이 호응과 공감을 얻을 수 있다.

所惡於上 毋以使下 所惡於下 毋以事上 所惡於前 毋以先後 所惡於後
毋以從前 所惡於右 毋以交於左 所惡於左 毋以交於右 此之謂絜矩之道
윗사람에게 해로운 것으로 아랫사람을 부리지 말고 아랫사람에게 해로운 것으로
윗사람을 섬기지 말라.
앞에서 잘못된 것을 뒤에 먼저 놓지 말고 뒤에서 잘못된 것을 다시 앞의 전례로
따르게 하지 말라.
오른쪽에서 잘못된 것을 왼쪽에 적용하지 말고 왼쪽에서 잘못된 것을 오른쪽에
적용하지 말라. 이것이 이른바 척도로 헤아리는 방법이다.

이른바 '혈구지도(絜矩之道)'는 문자 그대로 해석하면 곱자로 재는 것을 의미한다. 사물의 길이와 양을 자로 재듯이 일관되게 같은 척도로 적용한다는 뜻이다. 인간 관계에 있어서도 본문처럼 우리는 같은 척도를 적용해야 상대방의 입장을 바르게 이해할 수 있다. 윗사람에게 적용되는 잣대가 아랫사람에게 적용되는 잣대와 다르면 안 되고, 앞에서 적용했던 잣대가 뒤에 적용하는 잣대와 다르면 안 된다. 이는 전후좌우의 균형을 맞추기 위해 절대적으로 필요한 원리이다. 우리 사회가 건전하게 앞으로 나아가려면 좌우의 균형이 필요하고, 이 균형을 맞추려면 같은 척도로 사물을 바라보는 '혈구지도(絜矩之道)'가 전제되어야 한다.

혈구지도(絜矩之道)의 또 다른 의미는 입장을 바꾸어 생각하고 헤아려야 다른 사람을 이해할 수 있고 이것이 믿음과 신뢰를 얻는 길이라는 점이다.

詩云樂只君子 民之父母 民之所好 好之 民之所惡 惡之 此之謂民之父母
시에 이르기를 "복 받은 군자, 백성의 부모"라고 하였다. 백성들이 좋아하는 것을 좋아하고 백성들이 싫어하는 것을 싫어한다. 이것을 일러 '백성의 부모'라 한다.

복 있는 군자는 역지사지(易地思之)하여 민중의 마음이 자기의 마음이 되게 한다. 우리는 이를 흔히 공감 능력이라 한다. 공감 능력은 타자의 입장에 서서 생각하고 헤아려 볼 때 느끼게 되는 울림이다. 함께하기 위해 우리는 배려 이전에 기쁨과 슬픔을 함께 느낄 수 있는 능력과 태도가 필요하다.

대학의 주석에 따르면 혈구(絜矩)의 수학적 태도는 남의 마음을 헤아리는 세심한 태도, 배려의 자세를 위해 필요하지만 다른 한편으로는 편벽하지 않은 너른 마음을 지니는데도 요청되는 삶의 자세이다.

詩云 節彼南山 維石巖巖 赫赫師尹 民具爾瞻 有國者 不可以不慎
辟則爲天下僇矣
시에 이르기를 "깎은 듯이 높은 저 남쪽의 산, 돌들이 우뚝우뚝 쌓여 있구나.
혁혁한 주나라의 윤태사(尹太史)여! 백성들이 모두 그대를 바라본다"라고 하였다.
나라를 다스리는 자는 삼가지 않을 수 없다.
편벽되게 행동하면 천하의 죽임을 당하게 된다.

여기에서의 '혈구지도(絜矩之道)'는 한 곳으로 치우치는 것이 아니라 사물의 양면을 보는 통합적 시각을 의미한다.

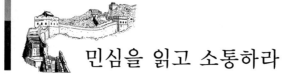

민심을 읽고 소통하라

대학에서 말하는 '혈구지도(絜矩之道)'를 오늘날의 개념으로 말하면 데이터를 통해 세상을 파악하고 민심을 읽으라는 말이 된다. 추측이 아닌 정확한 자료와 증거를 분석하여 민심을 읽어야 바른 정치를 행할 수 있다. 그리고 민심을 얻어야 나라를 바로 세울 수 있다.

詩云 殷之未喪師 克配上帝 儀監于殷 峻命不易 道得衆則得國 失衆則失國
시에 이르기를 "은이 민중을 잃지 않았을 때에 상제와 함께 할 수 있었다.
마땅히 은을 거울삼아 보라. 천명은 보전하고 실천하기가 쉽지 않다"고 하였다.
이는 민중을 얻으면 나라를 얻고, 민중을 잃으면 나라를 잃게 됨을 말한 것이다.

민심을 얻기 위해 유가의 가치 판단은 마음(德)을 재물보다 중시하였다. 재물은 수단이지만 마음을 얻는 것은 목적 그 자체임을 강조한다.

德者 本也 財者 末也 外本內末 爭民施奪 是故 財聚則民散 財散則民聚
덕은 근본이고 재물은 말단이다. 근본을 밖에 두고 말단을 안에 들이면 백성을
다투게 하여 서로 빼앗는 일이 나타난다. 따라서 재물을 거두어들이면 민중이
흩어지고, 재물을 풀면 민중이 모인다.

재물은 민심을 얻는 중요한 수단이다. 그러나 지도자는 비전과 가치
를 앞세우고 이를 실현하기 위해 재물을 이용해야 한다. 재물 그 자
체가 목적이 되는 것은 바람직하지 않다고 보았다. 오늘날의 용어로
'가치 경영'을 해야 민중이 꿈을 갖고 움직인다. 지도자가 제시하는
비전과 가치가 민중의 목표가 될 때 일의 보람도 크다. 자유는 보람이
며 선택이고 재물은 보상이다.

한편 민심이나 재물의 흐름은 억지로 막을 것이 아니라 이른바 선순
환 구조로 만들어 좋은 흐름을 보일 수 있게 해야 한다.

是故 言悖而出者 逆悖而入 貨悖而入者 逆悖而出
康誥曰 惟命不于常 道善則得之 不善則失之矣
이런 까닭에 말이 거슬리게 나가면 들어오는 말이 또한 거슬리고 재물이 바르지
않게 들어오면 나가는 재물 또한 바르지 않다.
강고(康誥)에 이르기를 "천명은 일정하지 않다"고 하였다. 이것은 선하면 이를 얻고
선하지 않으면 이를 잃게 됨을 말한 것이다.

사람의 마음을 얻는 길은 진정성이 가장 중요하고 진정성은 밖으
로 드러난다. 아울러 우리가 진심으로 소통할 때 그 소통을 통하여

공동체의 믿음이 두터워 지고, 공동체의 믿음은 경제지표보다도 소중한 가치지수가 된다.

秦誓曰 若有一介臣 斷斷兮 無他技 其心 休休焉 其如有容焉 人之有技
若己有之 人之彦聖 其心好之 不啻若自其口出 寔能容之 以能保我子孫黎民
尙亦有利哉 人之有技 媢疾以惡之 人之彦聖而違之 俾不通 寔不能容
而不能保我子孫黎民 亦曰殆哉

진서에 이르기를, 만약 한 신하가 꾸준하면서 다른 재주는 없으나 마음이
너그러워서 포용력이 있어 남의 재주 있음을 자기가 이를 지닌 것 같이 여기며
남의 업적을 그가 진심으로 좋아하여 스스로 그 입으로 말하면 이 사람은 능히
포용하는 것이다. 따라서 그는 내 자손들과 서민들을 보호할 수 있고 또한 늘
이롭게 한다. 남의 재주 있음을 시기하고 미워하며 남의 업적을 비방하고 낮추어
소통하지 않으면 이는 능히 포용하지 못하는 것이다. 따라서 그는 내 자손과
서민을 보호할 수 없고 또한 위태롭다.

재물(財物)을 가치 있게 운용(運用)하라

재물은 인간을 위해 존재하는 것이지 인간이 재물을 위해 존재하는 것이 아니다. 우리는 재물을 잘 활용하여 우리의 삶을 행복하게 하고 삶의 질과 가치를 높여야 한다. 어리석은 사람은 욕심 때문에 몸과 마음에 해가 됨에도 불구하고 재물을 가치 있게 사용하지 못하고 재물이 목적이 된다.

仁者 以財發身 不仁者 以身發財
참된 사람은 재물로써 몸을 일으키고 참되지 못한 사람은 몸으로써 재물을
일으킨다.

재물은 오늘날의 논리로 말하면 돌고 돌도록 운용해야 한다. 특히 나라의 정치를 맡은 사람은 국가의 재정을 합리적으로 운영하여 국민이 풍족한 생활을 영위할 수 있도록 해야 한다.

生財有大道 生之者衆 食之者寡 爲之者疾 用之者舒 則財恒足矣
재물을 증대시키는 데는 커다란 원칙이 있다. 재물을 생산하는 자가 많고 일하지
않고 쓸데없이 사용하는 자는 적어야 한다. 일을 추진하는 것은 신속히 하고
재물을 사용하는 것은 합리적으로 하면 항상 재물은 족할 것이다.

주석에 따르면 노는 백성이 적고, 쓸데없이 자리를 차지하여 낭비
하는 자를 줄여야 한다고 보았다. 또한 농사를 지을 때를 놓치지 않
도록 유념해야 한다. 오늘날로 말한다면 사업을 할 때와 투자의 기회
를 놓치지 말아야 한다. 지출은 수입을 헤아려 합리적으로 해야 한다.
　한편, 국가의 재정 운영 역시 개인의 살림살이와 마찬가지로 재물
그 자체에 목적이 있는 것이 아니라 국민의 복지와 삶의 질과 가치를
높이는 데 목적이 있다.

長國家以務財用者 必自小人矣 彼爲善之 小人之使爲國家 菑害並至
雖有善者 亦無如之何矣 此謂國不以利爲利 以義爲利也
국가의 어른이 되어 재물의 이기적 사용에 힘쓰는 자는 반드시 소인으로부터
비롯된 것이다. 소인으로 하여금 국가를 다스리게 하면 재해가 함께 오리니 비록
착한 자가 있더라도 어찌할 수 없다. 이것은 나라가 이(利)로써 이(利)를 삼지 말고
의(義)로써 이(利)를 삼을 것을 말한다.

여기에서 '이(利)'로서 '이(利)'를 구한다는 것은 이익을 위한 이익 추
구로서 일반적인 기업의 운영 원리라 할 수 있다. 그러나 '의(義)'로서
'이(利)'를 구한다는 것은 정의(正義)로서 사회를 이롭게 한다는 것을

뜻한다. 이익 추구에 목적이 있는 것이 아니라 정의로운 사회 또는 인간다운 삶에 그 목적이 있는 것이다.

재물을 가치 있게 사용하는 일은 수단과 목적을 분명히 인식하고 인간다운 삶과 가치를 위해 재물이 운용되도록 하는 것이다. 소유와 욕망 그 자체에 함몰되어 소유를 위한 소유, 욕망을 위한 욕망에 빠지게 되면 우리는 그보다 소중한 인간의 삶과 자유를 잃게 된다.

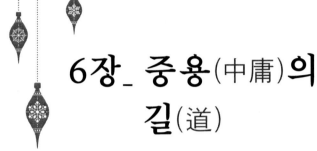

6장_ 중용(中庸)의 길(道)

天命之謂性 率性之謂道 修道之謂敎

<中庸>

하늘이 부여한 것이 성(性)이며, 그 성(性)을 깨닫는 것이 도(道)이고, 그 도(道)를 실천하는 것이 교육이다.

천명(天命)

　중용의 삶은 하늘의 명령, 즉 천명(天命)으로부터 시작한다. 중용은 천명에 뿌리를 내리고 있다.

天命之謂性 率性之謂道 修道之謂敎

하늘의 명령이 성(性)이요, 성(性)을 따르는 것이 도(道)요,

길(道)을 여는 것이 교(敎)이다.

　위의 논리를 한 인간의 삶에 적용하면 하늘로부터 부여받은 것이 나의 개성(個性)이고 그 개성에 맞는 길을 여는 것이 교육이다. 천명은 우리가 거부할 수 있는 것이 아니다. 우리에게 생득적(生得的)으로 주어진 것은 우리가 거부할 수 없는 우리의 운명이다. 나의 부모가 그러하고 나의 조국이 그러하고 나의 부모로부터 배운 모국어가 또한 그러하며, 내가 지니고 태어난 유전적 자질 또한 거부할 수 없다. 나

의 부모와 조국과 모국어는 잘났든 못났든 내가 받아들여야 할 운명이며, 내가 지니고 태어난 유전적 자질 또한 나의 운명이며 천명이다. 우리의 삶의 출발은 이 운명을, 이 천명을 나의 것으로 받아들이는 데서부터 시작된다. 부모와 조국과 모국어를 거부하는 데서 불행은 시작되고 나의 존재 가치는 소멸된다. 나의 존재 가치는 거대한 우주와 맞닿아 있고, 이 우주를 운행하는 거대한 힘과 영성에 그 뿌리를 내리고 있다. 또한 우리의 삶의 길은 그 영성과 천명에 부합하는 길이어야 한다.

대학의 주석에 따르면 대개 사람은 자신에게 생득적인 것, 즉 성(性)이 있음을 안다. 그러나 그것이 하늘로부터 온 것임을 알지 못한다. 또한 일에도 방법(道)이 있음을 알지만 그것이 생득적인 것, 곧 나로부터 얻어질 수 있음을 알지 못한다. 성인의 가르침이 있는 것은 알지만 그것이 내가 진실로 갖고 있는 것으로부터 말미암을 알지 못한다 (蓋人 知己之有性 而不知其出於天 知事之有道 而不知其有於性 知聖人之有敎 而不知其因吾之所固有者).

주석을 확대하면 내가 지니고 있는 성(性)이 천명과 우주, 성인의 가르침과 분리되는 것이 아니고, 진정한 가르침은 내가 가지고 있는 성(性)과 연결되어야 함을 의미한다. 천명과 성인의 가르침이 내 안에 있는 마음의 씨앗을 깨우쳐야 하고, 우주의 에너지가 내 마음을 진정으로 공명하게 해야 삶의 길을 당당하게 열어나갈 수 있다. 동양의 사상은 인간과 우주가 공존한다. 민심이 천심이고, 천심이 민심이다. 그리고 우주의 에너지는 인간의 기(氣)와 더불어 공명하고 공존한다. 인간이 우주를 지배하거나 약탈하지 않고 함께 한다.

따라서 인간의 삶의 길인 도(道)는 호흡과 같아서 잠시도 떠날 수 없으며, 떠날 수 있으면 도가 아니다. 왜냐하면 천명을 따르는 것이

도(道)이므로 우리는 그 도(道)에서 잠시도 떠날 수 없다.

道也者 不可須臾離也 可離非道也 是故 君子戒愼乎其所不睹
恐懼乎其所不聞
도라고 하는 것은 잠시도 떠날 수 없으며 떠날 수 있다면 도가 아니다.
이런 까닭에 군자는 그 보지 못하는 바를 삼가고 그 듣지 못하는 바를 두려워한다.

인식의 차원에서 보면 천명의 논리는 거시적 시각으로 접근하여 전체를 보아야 함을 시사한다. 보이는 것은 물론 보이지 않는 곳과 들을 수 없는 곳도 살펴야 한다. 이 말은 보지 못하고 듣지 못한 바를 삼가야 한다는 말로 해석할 수 있다. 우리가 보지 못하고 듣지 못한 바는 인식하지 못한 것이므로 삼가는 것이 당연하다.

인간관계로 보면 자기만 알고 남이 알지 못하는 일에도 삼갈 것이 있음을 강조한다.

莫見乎隱 莫顯乎微 故君子愼其獨也
은밀한 곳보다 더 잘 나타나는 것은 없고 작은 일에서 보다 더 잘 드러나는 일은
없다. 고로 군자는 자기 홀로 아는 것을 삼간다.

위에서 언급한 이른바 '신독(愼獨)'은 천명에 부응하고자 하는 한 인간의 열정과 도전을 보여 주는 태도이며, 자신에게 주어진 성(性)에 부합하는 삶을 온전히 살고자 하는 자세이다.

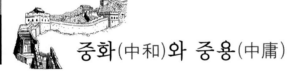

중화(中和)와 중용(中庸)

천명(天命)에서 시작한 『중용(中庸)』의 담론은 중화(中和)와 중용(中庸)의 삶에 그 초점을 두어 언급한다. 따라서 중화와 중용의 삶은 천명과 무관할 수 없다. 다르게 표현한다면 중화의 세계는 천명(天命)을 구현하는 이상 상태이고, 중용은 천명(天命)을 실천하는 인간의 삶의 자세와 태도를 의미한다.

喜怒哀樂之未發 謂之中 發而皆中節 謂之和 中也者天下之大本也 和也者
天下之達道也 致中和 天地位焉 萬物育焉

희노애락(喜怒哀樂)을 들어내지 않고 있는 것을 중(中)이라 하고, 들어내되
모두 절도에 맞는 것을 화(和)라 한다. 중(中)이라는 것은 천하의 큰 근본이고,
화(和)라는 것은 천하에 통용되는 도(道)다. 중(中)과 화(和)를 철저히 추진하면
하늘과 땅이 바로 잡히고 만물이 잘 자라난다.

주석에 따르면 천지만물은 본래 나와 한 몸이므로 나의 마음이 바르면 천지의 마음도 바르고, 나의 기(氣)가 제대로 흐르면 천지의 기 또한 바르게 흐른다고 설명하고 있다. 이와 같은 생각은 우리의 몸과 마음이 이 우주와 분리되지 않는다는 생각과 그 궤를 같이 한다. 중(中)이 고요함 속에서 편협하거나 지나치지 않은 것을 의미한다면, 화(和)는 변화 속에서도 지나치거나 편협하지 않은 것을 의미한다. 어느 경우이든 무게 중심을 잃지 않고 균형을 갖춘 삶을 사는 것을 지향한다. 무게 중심을 잃지 않는 삶은 현실을 가장 치열하게 살 때 성취될 수 있는 삶의 지평이다. 중용에서 말하는 '시중(時中)'은 시간과 장소, 상황에 따라 그 균형점이 다르기 때문에 우리는 끊임없이 상황과 변화에 맞는 중심을 찾아야 한다. 따라서 중용의 삶은 적당히 사는 것이 아니라 가장 치열하게 열정적으로 사는 것이다. 무게 중심은 그 한 점이 전체를 뒷받침하는 중심점이다. 전체를 보고 균형을 잃지 않는 삶을 사는 것을 뜻한다. 마치 가장 높이 나는 새처럼 바람을 잘 가늠하여 좌우의 균형을 유지하여야 하며, 바람의 속도에 맞추어 날개를 움직여야 한다.

> 君子之中庸也 君子而時中 小人之反中庸也 小人而無忌憚也
> 군자가 중용을 따름은 군자로서 때에 맞게 철저히 사는 것이고,
> 소인이 중용을 어기는 것은 소인으로서 꺼리는 것이 없다.

여기에서 소인이 중용에 어긋나는 것은 가장 큰 원인이 방종에 있다고 보고 있다. 거리낌이 없다는 것은 자유를 의미하는 것이 아니라

방종이 가져오는 나태함과 무절제를 의미한다. 특히 우리는 개인이든 조직이든 긴장의 끈을 놓고 지나치게 느슨해지면 균형 감각을 잃게 되고 이것은 자신의 파멸을 초래한다. 중용의 삶은 편협하지 않으며 의존하지 않고 지나치지도 않으면서 부족함이 없는 평상(平常)의 길이다. 이 길은 하늘이 명한 당연하고 구체적인 길이다. 그러나 그 길은 고정적인 것이 아니라 시간과 상황에 맞는 지고지선(至高至善)의 길이어서 내가 찾아 나가야 할 길이다.

삶의 의미

삶의 의미와 즐거움이 중용의 삶과 어떤 관련을 가질까? 삶의 바른 길을 '도(道)'라고 한다면 도(道)가 행해지지 않고, 도(道)가 이 세상을 밝게 비추지 못하는 것이 '지나침(過)'과 '부족함(不及)'의 문제라고 보았다.

子曰 道之不行也 我知之矣 知者 過之 愚者 不及也 道之不明也 我知之矣
賢者 過之 不肖者 不及也

선생님께서 말씀하시기를 도가 행해지지 않는 것을 나는 알았다. 똑똑한 사람은
지나치고 어리석은 사람은 미치지 못한다. 도가 밝혀지지 않는 것을 나는 알았다.
잘난 사람은 지나치고 못난 사람은 미치지 못한다.

주석과 같이 '도(道)'는 하늘의 이치이고 당연한 것이며 마음의 덕이다. 정확히 도에 맞춘 삶이 단순히 '지나침'이나 '부족함'이 없는 것을

의미하는 것일까? 물론 치우침이 없는 균형 감각을 갖는 일은 삶을 정정당당하게 살기 위한 중요한 태도임은 분명하다. 그러나 천명(天命)을 행하고 천리(天理)를 밝히는 추진 동력이 되기에는 미흡하다. 이어지는 다음 구절이 그 해답의 단초가 될 수 있다.

人莫不飮食也 鮮能知味也
사람은 누구나 마시고 먹지만 맛을 알 수 있는 사람은 드물다.

요약하면 사람은 생존하기 위해 누구든 먹고 마신다. 그러나 그 맛을 아는 사람은 드물다는 뜻이다. 누구든 삶을 살아간다. 그러나 인생의 참된 의미를 알고 즐기는 사람은 드물다. 주석에 따르면 도(道)는 떠날 수 있는 것이 아닌데 사람이 스스로를 살피지 않으므로 지나침과 부족함의 폐단이 있게 된다고 설명하고 있다. 삶의 의미는 나에게서 찾아야 하고, 나에게 부여된 천명과 천리에서 찾아야 한다. 중용의 삶은 보편적인 천명과 천리를 의미하는 것이 아니라 오늘을 살아가는 삶의 맥락 속에서 찾아야 하는 천리고 천명이다. 삶의 진정한 즐거움도 오늘을 살아가는 삶의 맥락 속에서 발견되어야 한다.

우리의 삶이 의미(意味)있는 삶이 되려면 천리와 천명을 볼 수 있는 안목과 나 자신의 삶을 부분이 아니라 전체로서 볼 수 있는 안목이 필요하다. 부언하면 전체적인 맥락을 볼 수 있는 안목이 필요하고 그 맥락 속에서 지금 무엇을 하는 것이 중용의 삶, 핵심을 잃지 않는 삶이 되는지 성찰해야 한다. 자아 성찰에서 오는 깨달음과 삶의 보람은 도를 실천하는 추진 동력이 될 수 있다.

도가 행해지지 않고, 진리의 등불이 밝혀지지 않는 또 하나의 원인은 '아는 것(知)'과 '실천하는 것(行)'이 분리되는 데서 찾을 수 있다. 우리가 삶의 의미와 참된 기쁨을 발견하려면 지(知)와 행(行)이 분리되어서는 곤란하다. 아는 것과 실천이 함께 할 때 인생의 참된 의미를 발견할 수 있고 보람도 느낄 수 있다. 특히 행동이 따르지 않는 기쁨이란 생각하기 힘들다. 유가에서 말하는 '도(道)'는 사유적 측면과 실천적 측면이 통합된 개념이다.

유가에서 말하는 중용의 삶은 깨달음과 실천이 함께 하는 것이며, 자기 자신에게 부여된 천명과 천리를 제대로 깨닫고 실천하는 것이다. 따라서 중용의 삶은 삶의 핵심을 잃지 않는 열정적인 삶을 의미한다. 자신의 삶을 아낌없이 불태우며 온전하게 사는 것이다.

순(舜) 임금의 정치와 안회(顔回)의 삶

중용(中庸)의 삶을 견지하는 것이 어려움을 7장은 다음과 같이 두 가지 측면에서 지적하였다.

子曰 人皆曰予知 驅而納諸罟擭陷穽之中而莫之知辟也 人皆曰予知
擇乎中庸而不能期月守也

공자가 말씀하셨다. "사람들이 모두 '내가 안다'고 말하지만 몰아서 그물에 들어가게 하거나 함정의 한 가운데 집어넣으면 피하는 법을 알지 못한다. 사람들이 모두 '내가 안다'고 말하나 중용을 선택하여 능히 한 달을 지키지 못한다."

공자가 탄식한 것은 서양의 소크라테스의 지적과 유사하다. '내가 안다'고 자처하지만 구체적인 상황 속에서 행동으로 나타나지 않을 뿐 아니라 제대로 아는 것도 오래 동안 실천으로 옮기지 못함을 지적하고 있다. 전자는 제대로 아는 것이 아니며, 후자는 실천이 계속되지 않기 때문에 생활화, 습관화되지 않음을 비판하고 있다. 제대로 안다고 하는 것은 인지적인 깨달음과 지속적인 실천을 통해 행동으로 옮겨지는 것을 의미한다. 부언하면, 인지적인 깨달음과 실천적인 힘이 갖추어져야 한다. 아는 것과 실천이 별개의 것이 아니라 함께 이루어져야 제대로 아는 것이다. 깨달음이 없는 실천은 맹목이 될 수 있고, 실천이 없는 앎은 공허한 것이다. '앎'과 '삶'이 하나로 융합된 것이 중용의 삶이다.

중용의 삶에 모범으로『중용(中庸)』6장에 제시된 순(舜) 임금의 정치와 제8장에 언급된 안회의 삶은 우리들의 귀감이 된다.

子曰 舜其大知也與 舜好問而好察邇言 隱惡而揚善 執其兩端 用其中於民
其斯以爲舜乎
선생님께서 말씀하시기를, 순(舜) 임금은 큰 지혜를 가졌던 분이셨다.
순(舜) 임금은 묻기를 좋아하고 가까운 데 있는 말을 살피기를 좋아하였다.
악한 것은 감추고 선한 것은 드러내었으며 그 두 끝을 잡고 그 중심을 백성에게
적용하였다. 순(舜)은 이렇게 함으로써 존경받는 순(舜) 임금이 되었다.

정치가로서 순 임금의 장점은 묻기를 좋아했고 주변 사람들과 토론하기를 즐겼으며 선한 일을 드러냈다. 또한 양극단을 가늠하여 그 중심을 정치에 적용하였다. 오늘의 시대에 맞게 풀이하면 적극적인 활발한 소통을 통하여 문제점과 현실을 정확히 파악하여 최적의 해결책을 찾아 실천했다는 의미가 된다.

한편, 안회의 삶은 그 일관성을 잃지 않았다는 데 있다. 일관성은

중용의 도를 꾸준히 실천함으로써 생활화하였다는 뜻이 된다.

子曰 回之爲人也 擇乎中庸 得一善則拳拳服膺而弗失之矣
선생님께서 말씀하시기를, 안회(顔回)의 사람됨은 중용을 택하여 하나의 선(善)을
얻게 되면 정성껏 지켜 가슴에 품어 이를 잃지 않았다.

　중용(中庸)의 '중(中)'이 핵심, 삶의 진수를 의미한다면, '용(庸)'은 삶의 진수를 실천하고 몸에 익혀 생활화하는 것을 뜻한다. 순(舜) 임금의 정치는 소통을 통하여 민중의 마음의 핵심을 읽고 이에 맞는 정치를 하였고, 안회는 중용의 길을 선택하여 얻은 결실을 생활화하여 보여줌으로써 사랑을 실천하였다.

참된 용기

서양의 철학자 플라톤은 참된 용기가 '만용'과 '비겁'의 중용에서 나온다고 보았다. 중용의 10장에 제시된 용기는 온전한 인격체에게 요구되는 용기에 대해 언급한다. 하늘을 우러러 부끄럼이 없이 당당하게 사는 것이 참된 용기라고 보았다. 따라서 참된 용기는 하늘의 명령에 부응하는 두 가지 인격적 요소에 충실해야 한다. 공자는 이에 대해 비유적으로 말하면서 남쪽의 강함과 북쪽의 강함을 말하고 있다.

寬柔以教 不報無道 南方之强也 君子 居之 袵金革 死而不厭 北方之强也
而强者居之
관용과 부드러움으로 가르치고 도가 없는 사람에게 보복하지 않는 것이 남방의
강함이니 군자가 여기에 산다.
무기와 갑옷을 깔고 앉아서 죽어도 싫어하지 않는 것이 북방의 강함이니 너 같이
굳센 자가 여기에 산다.

공자의 이 말은 제자 자로(子路)가 강함(勇氣)에 대해 물었을 때 답변한 것으로 진정한 강함은 부드러움(仁)을 토대로 해야 함을 말하고 있다. 이웃을 포용하고 혹 무도함이 있더라도 용서하고 깨닫게 하는 것이 진정한 용기임을 강조하고 있다.

실제로 공자의 제자 자로는 성격이 거칠고 용맹하였으며 의지가 강했다. 수탉의 깃으로 만든 관(冠)을 쓰고 수퇘지의 가죽으로 만든 주머니를 허리에 차고 다녔다. 따라서 공자는 진정한 용기와 강함을 이야기하기 위해 일반 사람들이 생각하는 북방의 강함과는 다른 남방의 강함을 말한 것으로 여겨진다. 물론 진정한 용기는 이 두 가지를 겸비하여야 한다.

사마천의 사기에 따르면 자로는 공자를 업신여길 정도로 공자에 대해 불만이 많았다. 공자는 자로에게 온유와 관용을 바탕으로 한 사랑이 큰 힘이고 용기임을 보여주었다. 자로의 무례함을 용서하고 인내하면서 지속적으로 사랑으로 깨우쳐 줌으로써 자로는 공자의 제자가 되기로 결심하였다. 진정한 강함은 북방의 매서움도 필요하지만 남방의 따뜻함으로 상징되는 사랑이 더욱 더 소중함을 힘주어 말하고 있다.

故君子 和而不流 强哉矯
그러므로 군자는 온화하되 유약하게 한 가지로 흐르지 않으니 굳세고 당당하다.
中立而不倚 强哉矯
중심을 잃지 않고 가운데 서서 어느 한쪽에 의지하지 않으니 굳세고 당당하다.

國有道 不變塞焉 强哉矯
나라에 도가 있으매 옹색할 때의 맹세를 바꾸지 않으니 굳세고 당당하다.
國無道 至死不變 强哉矯
나라에 도가 없으매 죽음에 이를지라도 뜻을 바꾸지 않으니 굳세고 당당하다.

공자가 생각한 진정한 용기는 하늘을 우러러 당당한 군자의 삶이
었다. 이를 위해 공자는 온유한 사랑과 시류에 휩쓸리지 않는 지조를
주장하였다. 오늘의 말로 바꾸면 진정한 용기는 따뜻한 마음과 강직
한 실천이 함께해야 한다. 자로는 실천적 의지를 보여준 사람이어서
허물이 있으면 즉시 고쳤다. 이것을 공자는 자로가 가진 장점으로 보
았다. 그러나 공자는 자로에게 부족했던 관용과 온유의 삶, 사랑의 실
천이 또한 필요하다고 주장하고 있다.

중용(中庸)의 길, 외로운 길

중용 11장에서 제시한 중용의 길은 외로운 길이다. 그러나 세상이 알아주지 않아도 후회하지 않는 길이다. 이 길은 쉽지 않은 길이다.

君子 依乎中庸 遯世不見知而不悔 唯聖者能之
군자는 중용에 따라 살고 세상을 피해 가서 알려지지 않아도 후회하지 않으니 오직 성자(聖者)만이 할 수 있다.

중용에 따라 사는 길이 이 세상에 알려지지 않는 외로운 길이라도 피하지 않고 살아가는 삶이 진솔한 삶이고 거룩한 삶이라고 말하고 있다. 중용의 길은 자신을 내세우는 길이 아니다. 천명을 따르는 길이며 진솔한 삶을 사는 길이다. 하늘을 우러러 한 점 부끄럼이 없는 길이고 이 길은 역사적인 관점에서 볼 때도 정당한 길이어야 한다. 자신의 명예를 위하여 역사를 욕되게 할 수는 없다.

子曰 素隱行怪 後世有述焉 吾弗爲之矣
공자께서 말씀하셨다. "은밀한 것을 찾아내고 괴이한 일을 하면 후세에 이에 대해
칭송하여 말할 자가 있으나 나는 그와 같이하지 않겠다."

성인의 삶은 명예를 탐하여 '소은행괴(素隱行怪)' 할 수 없음을 보여
주고 있다. '소은(素隱)'은 지(知)의 지나침을 뜻하고, '행괴(行怪)'는 행동
이 절제되지 않음을 의미한다. 세상을 속이고 명예를 훔치는 것이 일시적
인 관심을 얻을 수 있지만 중용의 길이 아니므로 성인이 택할 길이 아니
라고 보았다. 다시 말하면 중용의 길은 거짓이 없는 진솔한 길이다.
또한 화려하지 않은 소박한 삶이다. 그러나 가지 않을 수 없는 길이다.

君子遵道而行 半途而廢 吾弗能已矣
군자는 도(道)를 따라 실천하며, 중도에서 그만두는 것을 나는 하지 않을 것이다.

중용의 '용(庸)'은 일상성과 일관성을 의미한다. 중간에 폐기할 수
있는 것이 아니라 천리(天理)에 합당한 길이므로 내 삶이 다하는 날까
지 가야만 하는 길이다. 박수와 격려가 없더라도 가야만 하는 외로운
길, 천명의 길이다.

중용의 깨달음

유가에서 이상형의 인간으로 불리는 '군자(君子)'는 삶에 대한 깨달음이 우선되어야 한다. 그러나 그 깨달음의 길은 변화무쌍하고 은밀하다.

君子之道 費而隱
군자의 도는 넓고 은밀하다.

주석에 따르면 '비(費)'는 '용(用)'의 광대(廣大)함을 의미하고 '은(隱)'은 실체(體)의 추상성을 뜻한다. 현상학적으로 보면 사물의 나타남은 변화가 다양하고 넓다. 실체가 분명한 것 같으나 그 근원을 살펴보면 구체적으로 표현하기 힘들다.

詩云鳶飛戾天 魚躍于淵 言其上下察也
시에 이르기를 "솔개가 하늘에 날아오르고 고기가 연못에서 뛰어오른다"
하였는데, 이것은 상하에 드러남을 말한다.

　눈에 보이는 현상은 솔개가 하늘로 날아오르는 것과 같이 분명하다. 그러나 그 까닭은 보거나 들을 수 없으므로 은밀하다. 우리가 어떤 대상을 안다고 하는 것이 눈에 보이는 것만 가지고 말할 수 없다. 오히려 눈에 보이지 않는 것이 더욱 중요할 수 있다. 눈으로 보고 귀로 들을 수 있는 현상은 빙산의 일각에 불과할 수 있다. 우리가 세상을 제대로 알려면 나타난 현상의 이면에 있는 배경과 맥락도 함께 읽을 수 있어야 한다. 우리가 우리를 규정하고 있는 쓸데없는 편견과 규제에서 해방되려면 현상 이면의 배경과 실체를 분명히 보아야 한다.

　나타난 현상으로서 보고 듣고 느끼는 것도 상당 부분은 나의 편견에 의해 왜곡될 수 있다. 우리가 현상의 실체에 접근하는 길은 따라서 세 가지 편견을 극복해야 한다. 하나는 사회의 편견과 우상을 넘어서야 하고, 다른 하나는 나의 편견과 우상을 넘어서야 하며, 마지막으로는 대상과 텍스트가 갖고 있는 편견을 극복해야 한다.

故君子 語大 天下莫能載焉 語小 天下莫能破焉
그러므로 군자가 큰 것을 말하면 천하가 그것을 능히 담아낼 수 없고 적은 것을
말하면 천하가 능히 깨트릴 수 없다.

우리는 현상과 실체, 언어와 실체 사이에 큰 거리가 있음을 읽어야 한다. 우리가 삶의 진실을 보고 깨우치려면 우리가 만든 많은 편견과 괴리를 읽을 수 있어야 한다.

하지만 우리가 진정한 깨달음에 이르려면 작은 것이라도 객관적 실체를 바탕으로 출발점을 삼아 실마리를 풀어야 한다.

君子之道 造端乎夫婦 及其至也 察乎天地
군자의 깨달음은 부부에서 실마리를 잡아 그 지극함에 이르면 천지에 드러난다.

인간관계의 시작이 부부로부터 비롯되어 부자 관계, 형제 관계, 친구 관계로 나아가듯이 우리의 사유와 깨달음이 바른 근거를 실마리로 하여 전개되어야 한다. 눈에 보이는 결과에만 집착할 것이 아니라 그 결과를 가져오게 된 원인도 함께 보아야 한다.

중용의 깨달음은 항상 두 가지 가치를 함께 끌어안고 삶의 핵심을 잃지 않는 깨어 있는 인식을 의미한다. 좌와 우, 너그러움과 엄격함, 따뜻함과 차가움, 보이는 것과 보이지 않는 것, 큰 것과 작은 것, 원인과 결과를 함께 어우르면서 균형을 잃지 않는 무게 중심점에 서는 삶의 자세이다.

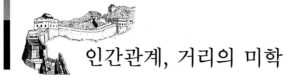

인간관계, 거리의 미학

중용의 인간관계는 그 기본 원칙이 사람 속에서 관계의 길과 아름다움을 찾아야 한다고 보았다. 중용의 길은 인간을 멀리 하는 것이 아니라 인간의 공동체 안에서 찾아야 하는 길이다.

子曰道不遠人 人之爲道而遠人 不可以爲道
공자가 말씀하셨다. "도는 사람을 멀리 하지 않는 것이다. 사람의 도를 행한다고
하면서 사람을 멀리 하면 도를 행한다고 할 수 없다."

주석에 따르면 낮은 곳과 가까운 데 있는 것을 싫어하는 것은 행위가 온전치 못한 것이다. 반대로 높고 멀리 있으며 어려운 일에만 힘쓰는 것은 진정한 도를 행하는 것이 아니라고 보았다. 이웃의 일과 서민의 일에 무심한 사람은 인도(人道)를 행하는 것이 아니다. 먼저 이웃과 낮은 곳의 사람을 돌보고 높은 곳과 멀리 있는 이웃에 손을 내밀

어야 한다는 생각이다. 인도를 실천하는 길이 가깝고 낮은 곳에서 비롯
되어야 온 세상에 밝게 비출 수 있다고 보았다.

중용의 생각은 인간의 마을에 인간과 인간의 거리를 아름답게 할
수 있는 잣대와 기준이 있다고 보았다.

詩云伐柯伐柯 其則不遠 執柯以伐柯 睨而視之 猶以爲遠 故君子 以人治人
改而止

시에 이르기를, 도끼자루를 베는 것이여! 도끼자루를 베는 것이여! 그 법이 멀지
않도다. 도끼자루를 잡고 도끼자루를 베되 곁눈질하여 보고 오히려 멀리 한다.
그러므로 군자는 사람으로서 사람을 다스리되 고치면 다스리지 않는다.

새로운 도끼자루는 기존의 도끼자루에 비추어 보고 고치거나 멀리
한다. 마찬가지로 군자는 사람을 척도로 하여 사람을 다스리되 고치
면 멈춘다. 정치는 사람을 척도로 하여 사람을 다스리되 그 통제는
최소화 되어야 한다. 그 통제를 최소화하는 길은 자기에게 맞지 않는
잣대를 남에게 적용하지 않는 것으로부터 시작된다.

忠恕 違道不遠 施諸己而不願 亦勿施於人
충(忠, 진솔한 마음)과 서(恕, 공감)가 도(道)에 어긋남이 멀지 않다.
나에게 적용했을 때 원하지 않는 바를 마찬가지로 남에게 적용하지 말라.

위의 원칙은 나에게 적용되는 잣대가 남에게도 똑같이 적용될 때, 우리 사회가 올바른 질서와 균형을 잡아갈 수 있다고 보았다. 달리 말하면 나에게 적용되는 도덕적 가치가 동시에 남에게도 똑같이 객관적으로 적용되어야 한다고 보았다.

君子之道 四 丘未能一焉 所求乎子 以事父 未能也 所求乎臣 以事君 未能也
所求乎弟 以事兄 未能也 所求乎朋友 先施之 未能也 庸德之行 庸言之謹
有所不足 不敢不勉 有餘 不敢盡 言顧行 行顧言 君子 胡不慥慥爾
군자의 도(道)는 넷인데, 나(孔子)는 하나도 능하지 못하다. 아들에게 구하는
바로 아버지를 섬기지 못 하였고 신하에게 구하는 바로 임금을 섬기지 못하였다.
동생에게 구하는 바로 형님을 대하지 못하였으며 친구에게 구하는 것을 이를 먼저
능히 베풀지 못 하였다. 일관된 덕을 행하며 일관된 말로 절제하여도 부족한 바가
있다. 감히 열심히 하지 않으면 여유가 없으므로 최선을 다하지 않을 수 없다.
말은 행동을 돌아보고, 행동은 말을 돌아보아야 하니
군자가 어찌 진솔하지 않을 수 있으리오.

위의 논리는 철저하게 역지사지함으로써 우리의 인간관계를 공감과 소통으로 바꿀 수 있음을 보여 준다. 또한 소통을 위해 말과 행동이 일치하는가를 끊임없이 자문해 보아야 한다. 왜냐하면 소통은 신뢰를 바탕으로 하기 때문이다. 인간관계는 알맞은 거리와 소통을 통해 튼실해진다. 알맞은 거리는 객관적인 잣대와 역지사지하는 태도로 그 거리를 가늠할 수 있다. 우리의 인간관계가 최적의 거리를 확보할 때, 우리는 원활한 소통을 통해 공감과 행복의 문을 열 수 있다.

삶의 기본

중용 14장은 삶의 기본이 자신이 머물러 있는 곳, 즉 현실과 자기 자신임을 분명히 하고 있다.

君子素其位而行 不願乎其外
군자는 그가 위치한 자리에 서서 실천하고 그 자리 밖을 바라지 않는다.

우리가 흔히 범하는 잘못은 자신이 해야 할 본분을 잊고 남의 것을 탐하거나 구한다는 것이다. 자신이 두 발을 딛고 서 있는 곳에서 충실히 하여야 할 바를 실천할 때 자신의 삶은 더욱 더 튼실해진다. 따라서 군자는 기본에 충실한 안정된 기반 위에서 천명을 기대하지만 소인은 잘못된 위치에서 요행을 구한다.

故 君子 居易以俟命 小人 行險以徼幸
그러므로 군자는 안정된 곳에서 천명을 기다리고, 소인은 본분을 벗어난 위험한
곳에서 요행을 바란다.

위의 말은 군자는 기본에 충실하고 천명을 받아들이나 소인은 기본
에서 벗어남으로써 요행을 바란다는 의미가 된다. 달리 말하면 군자
는 천리에 부응하는 기본에 충실함으로써 당당하고 튼튼한 삶을 경영
할 수 있으나 소인은 자신의 본분과 천리에 벗어남으로써 스스로 성취
의 가능성을 낮추어 요행을 바랄 수밖에 없다.

在上位 不陵下 在下位 不援上 正己而不求於人 則無怨 上不怨天 下不尤人
윗자리에 있으면서 아랫사람을 능욕하지 않고 아래 자리에 있으면서 위를
끌어내리지 않는다.
자신을 바르게 하고 남에게서 구하지 않으면 원망이 없다.
위로는 하늘을 원망하지 않고 아래로는 사람을 탓하지 않는다.

기본에 충실한 삶은 하늘을 탓하거나 사람을 탓하지 않는 당당한
삶이다. 하늘을 우러러 부끄럼이 없고 이웃에 대해서도 열린 마음으
로 접근하는 길은 남을 탓하지 말고 자기 자신에게 정직할 수 있어야
한다. 이는 자신을 바르게 하고 남을 탓하거나 남에게 의존하지 않는
자유로운 영혼이 되어야 함을 뜻한다. 인간관계의 자유는 남의 영역
을 범하지 않는 적당한 거리와 여유를 확보할 수 있을 때 가능하다.
인간관계에 있어 적정 거리와 여백이 없을 때 우리의 인간관계가 서로

를 구속하는 소유관계로 변질될 수 있다. 진정한 인간관계는 독립된 개체가 스스로 참여하여 자신의 빛깔을 잃지 않고 다양하게 빛날 수 있는 존재관계가 되어야 한다.

기본에 충실한 삶은 무엇보다도 자기 자신(其身)과 자신의 현실(其位)에서 출발하여 자기 자신을 튼튼히 하고 남을 탓하지 않는 삶을 사는 것이다. 이를 위해 요청되는 또 한 가지 삶의 태도는 끊임없는 자아성찰이다.

子曰 射有似乎君子 失諸正鵠 反求諸其身
공자께서 말씀하셨다. "활쏘기는 군자와 유사하다. 바르게 맞추지 못하면 돌이켜 자신에게서 그 원인을 찾는다."

자신의 잘못에 대하여 솔직하게 자신을 돌아보고 바르게 그 원인을 찾아 개선해 나갈 때 삶의 정곡(正鵠)과 정수(精髓)에 도달할 수 있다. 자기 자신에게 정직한 태도를 갖는 것이 우리의 인품을 높이는 길이며 우리의 인품은 우리 삶의 진정한 기쁨과 행복에 이르는 길이다.

# 삶의 형이상학

중용에 나타난 삶의 도는 현상학적으로 들어난 것의 다양함과 넓음에 방점을 둔다. 그렇지만 중용에서 말하는 삶의 도는 이른바 '은(隱)'으로 표현되는 드러나지 않는 측면도 간과할 수 없음을 보여 준다. 특히 귀신(鬼神)으로 표현되는 영적 세계의 도입은 현상을 보다 잘 설명하기 위한 노력으로 환원될 수 있다.

子曰 鬼神之爲德 其盛矣乎 視之而弗見 聽之而弗聞 體物而不可遺
공자께서 말씀하셨다. "귀신이 덕을 행함이 크도다. 이를 보아도 보이지 않고 이를 들어도 들을 수 없으나 사물에 담겨 있어 능히 버릴 수 없다."

주석에 따르면 '귀(鬼)'는 음(陰)의 영(靈)이고 '신(神)'은 양(陽)의 영(靈)이다. 눈에 보이는 현상으로 설명할 수 없는 부분과 그 역동성을 '귀신(鬼神)'이란 개념을 빌어 설명하고 있다. 정자(程子)에 따르면 '귀신(鬼

神)'은 천지의 운용과 조화의 증거라고 설명된다. 이는 서양 철학자 플라톤(Platon)의 '이데아(idea)'와 유사한 개념이다. 눈에 보이는 현상 이면의 형이상학적 실체가 존재의 본질이라고 보았다. 현상에 대한 설명을 가능하게 하는 인식론적 실체다.

그러나 동양의 실체는 인식론의 문제가 아니라 물체의 생성과 관련된다. 모든 사물이 음양의 융합과 분리를 통해 생성되고 소멸되며 변화한다. 따라서 유가의 이데아, '귀신(鬼神)'은 사물의 생성과 소멸을 설명하는 메타 존재이다. 눈에 보이는 현상을 가능하게 하는 힘, 즉 기(氣)이다. 생성의 측면에서 보면 '신(神)'은 양(陽)의 영(靈)이고, '귀(鬼)'는 음(陰)의 영(靈)이지만 소멸의 측면에서 보면 '신(神)'은 확산에 의한 소멸을 의미하고 '귀(鬼)'는 압축 및 회귀에 의한 소멸을 뜻한다.

사물의 현상을 설명하는 유가의 이데아는 눈에 보이지 않는 추상적인 힘과 기(氣)이고 이는 '귀신(鬼神)'으로 표현된다. 이 귀(鬼)와 신(神)은 사물에 담겨 있어 이를 버릴 수 없다.

또한 그 귀(鬼)와 신(神)은 정신적인 힘과 무관한 것이 아니라 일맥 상통한다. 따라서 중용 16장은 귀신을 말하면서 정신적인 자세, '성(誠)'이 현상을 설명하는 실체임을 주장한다.

夫微之顯 誠之不可揜 如此夫
무릇 미세한 것이 뚜렷이 나타나니, 정성을 가릴 수 없음이 이와 같다.

이는 사물의 생성과 소멸을 가능하게 하는 힘이 인간의 정신적인 자세와 관련됨을 보여준다. 특히 인간과 관련된 일에 있어서 '성(誠)'은 거짓이 없는 진실한 것을 이르고 음양이 흩어지고 모이는 것이 거짓이 없는 진실한 것이므로 그 나타남을 가릴 수 없다. 정성을 기울이면 일을 성취하는 역동성을 얻을 수 있고, 그 역동성은 만물을 움직이고 생성한다. 확장하면 무성(無誠)이면 무물(無物)이고 지성(至誠)이면 감천(感天)이다.

우리는 눈에 보이는 현상을 통해 사물의 생성과 소멸을 이해하고 이 현상에 대한 통찰을 통해 우주의 원리와 천명을 보아야 한다. 이를 위한 하나의 의식(儀式)으로 유가에서는 제사를 실시하였다.

使天下之人 齊明盛服 以承祭祀 洋洋乎如在其上 如在其左右
천하의 사람들로 하여금 기도하는 마음을 밝히고 옷을 갖추어서 제사를 드리게 해야 한다. 역동적으로 귀신(鬼神)이 그 위에 있는 것과 같이하며, 그 좌우에 있는 것같이 한다.

유가에서의 제사는 하나의 의식으로 행해지는 것이다. 그것은 기도하는 마음으로 정성을 기울임으로써 자기 자신과 세계에 대한 깨달음에 이르는 길이다. 현대적인 의미의 제사는 경건한 마음으로 기도함으로써 깨달음에 이르는 자기 수행의 한 방식이라고 말할 수 있다.

효(孝)의 의미

중용(中庸)에서 말하는 효의 참된 의미는 무엇인가? 중용은 '효(孝)'가 '덕(德)'의 근원이고 만복의 근원이라고 보았다.

子曰 舜其大孝也與 德爲聖人 尊爲天子 富有四海之內 宗廟饗之 子孫保之
故 大德 必得其位 必得其祿 必得其名 必得其壽
공자께서 말씀하셨다. "순(舜)'은 위대한 효자이다. 덕은 성인이고 존귀함은
천자이고 부유하기는 사해를 차지하며 종묘는 이를 제향(祭饗)하고 자손은 이를
보존하였다. 그러므로 큰 덕은 반드시 그 자리를 얻으며 그 녹(祿)을 받고 그
명예를 얻으며 그 수(壽)를 누린다."

중용에서 말하는 효는 역사적 존재로서의 의미 있는 삶을 지향한다. 역사의 계승과 발전을 효의 근본으로 보았다. 역사의 단절은 불효에 해당한다.

夫孝者 善繼人之志 善述人之事者也
무릇 효라는 것은 선인의 뜻을 잘 잇고, 선인의 사업을 잘 발전시키는 것이다.

효의 실천은 역사의 계속성과 발전을 위해 올바른 교육과 정치를 강조할 수밖에 없다. 효를 논하는 자리에서 중용은 인위적인 교육이 아닌 개성과 자질을 중시하는 교육이 올바른 교육이라고 말한다. 그리고 이와 같은 교육이 만물을 번창하게 꽃 피우고자 하는 효의 올바른 구현이라 보고 있다. 효(孝)는 부모가 먼저 좋은 교육을 통해 씨를 뿌리고 가꾸어야 얻을 수 있는 결실이다. 효는 자녀로부터 부모로 향하는 일방적인 예(禮)가 아니다. 부모로부터 자녀에게로, 자녀로부터 부모에게로 이어지는 쌍방향의 인륜이라고 말할 수 있다.

故 天之生物 必因其材而篤焉 故 栽者倍之 傾者覆之
그러므로 하늘이 만물을 내어서는 반드시 그 재질에 따라 발전시킨다.
그러므로 심은 것은 자라게 하고 기울어진 것은 이를 쳐 낸다.

올바른 교육은 나무를 심은 사람이 나무를 키우듯이 영양분을 공급하고 기(氣)가 통하게 해야 한다. 그러나 기울어진 가지는 쳐 낸다. 나무를 키우듯 자식을 올바로 교육해야 효가 구현된다. 아울러 올바른 정치를 통하여 백성을 올바로 이끌어야 효가 구현된다.

詩曰 嘉樂君子 憲憲令德 宜民宜人 受祿于天 保佑命之 自天申之

시에 이르기를, 아름답고 행복한 군자여! 뚜렷하고 뚜렷하다.

아름다운 덕이여! 백성을 올바르게 하고 사람을 올바르게 한다.

하늘에 복을 받아 이를 보호하고 도와서 명령하시나니 하늘로부터

거듭 복을 내린다.

훌륭한 인격과 행복한 삶을 사는 지도자는 백성을 올바르게 이끌 수 있다. 민중에게 분명하게 드러나는 그 덕(德)이 백성을 올바른 길로 인도한다. 군자의 인격과 행복의 원천이 '덕(德)'이라면 그 덕의 가장 큰 근본이 효(孝)라고 보았다.

실제로 부모와 자식으로 이어지는 인간의 역사와 경험과 기억은 유가에서 말하는 휴머니즘의 총체이며 역사적 실체다. 우리의 삶은 한 개인의 죽음으로 끝나는 매우 유한한 한 세대의 이야기가 아니라 공동체의 기억과 더불어 이어지는 역사와 같은 것이다. 나의 육체적 삶은 유한하나 역사적 실체는 짧지 않다. 오늘의 우리의 삶은 장구한 역사의 한 기억으로 후손들에게 이어질 수 있다. 나의 삶을 기억해 주는 후손이 있다면 역사적 실체로서의 나의 삶은 끝난 것이 아니다.

역사의 계속성은 효의 시작과 끝이다. 선인의 유지와 사업을 오늘에 맞게 재해석하여 발전시키는 것이 효의 근본 의미이고, 오늘을 살아 가는 우리의 역사적 소명이다.

踐其位 行其禮 秦其樂 敬其所尊 愛其所親 事死如事生 事亡如事存
孝之至也

선인(先人)의 입장에서 그 예를 행하고 그 음악을 연주하며 그 존중하는 바를
공경하며 선인이 가까이 하던 바를 사랑하며 죽은 이를 섬기는 것을 산 사람같이
하고 망인 섬기기를 앉아 있는 이 섬기듯이 하는 것이 효의 지극함이다.

인도(人道)와 천리(天理)를 보는 정치

노나라의 군주인 애공(哀公)이 정치에 대해 묻자 공자는 문왕과 무왕
의 정치가 모두 그들이 펴낸 정책에 담겨 있는데 사람이 있으니 정치
가 흥하고 사람이 없으면 정치도 멸(滅)한다고 보았다. 덧붙여서 인도
(人道)는 정치에 민감하고 지도(地道)는 나무에 민감하다고 말하고
있다.

哀公 問政 子曰 文武之政 布在方策 其人存則其政舉 其人亡則其政息
人道敏政 地道敏樹 夫政也者 蒲盧也

애공이 정치에 대해 묻자 공자께서 말씀하셨다. "문왕과 무왕의 정치는 그가 펴낸
정책에 있다. 그 사람이 있으니 그의 정치가 흥하고 그 사람이 없으면 그의 정치가
멸한다. 사람의 도는 정치에 민감하고 땅의 도는 나무에 민감하다. 무릇 정치라고
하는 것은 포노(蒲盧)와 같다."

위의 텍스트는 한마디로 요약하면 인도(人道)를 바로 보아야 정치를 발전시킬 수 있다는 말이 된다. 문왕과 무왕의 정치는 문왕과 무왕에 의해서 이루어졌다. 정치에 있어 가장 중요한 원천은 사람이고 그 대상도 사람이다. 따라서 인도를 보고 민심을 얻는 것은 정치의 근간이라 할 수 있다.

땅이 기름지고 물이 적당하면 나무가 잘 자란다. 나무가 자라는데 바탕이 되는 것은 땅의 힘이다. 마찬가지로 정치의 근본이 되는 것이 인도요, 민심이다. 정치가 민심을 얻으면 강가의 부들(蒲)이나 갈대(盧)가 자라는 것과 같이 발전한다. 중용에서 말하는 인도(人道)는 우주(天地)와 생물(生物)의 마음(仁)을 지향한다.

故 爲政在人 取人以身 修身以道 修道以仁
그러므로 정치를 하는 것이 사람에게 있다. 사람을 취하되 몸으로써 하고, 몸을 닦되 도로써 하고, 도를 닦되 어진 마음으로 하라.

여기에서 사람을 취할 때 '몸(身)'으로서 한다는 말은 그 사람의 됨됨이를 눈으로 직접 보고 판단한다는 말로 해석할 수 있다. 그 사람의 몸가짐과 태도 그리고 말을 보면 우리는 그 사람의 됨됨이를 알수 있다. 우리는 우리의 몸을 '도(道)'로서 닦아야 한다. 이는 역으로 말하면 사람됨의 판단을 그가 사람의 도리를 알고 행하는가에서 찾아야 하고, 그 도리는 '인간의 마음'에서 찾아야 한다는 말이 된다. 간단히 말하면 사람됨은 그가 따뜻한 인간의 마음으로 생각하고 행동하는가를 보면 알 수 있다. 이를 발전시키면 좋은 정치는 국민의 마음을 읽고 볼 수 있는 정치가 되어야 한다.

인도(人道)는 사람의 마음과 도리를 뜻한다. 그 사람의 마음과 도리는 자연의 이치와 법칙에 어긋나는 것이 아니다.

故 君子 不可以不修身 思修身 不可以不事親 思事親 不可以不知人 思知人
不可以不知天

그러므로 군자는 몸을 닦지 않을 수 없으며, 수신(修身)을 생각하면 어버이를
섬기지 않을 수 없다. 사친(事親)을 생각하면 사람을 알지 않을 수 없으며,
지인(知人)을 생각하면 하늘을 알지 않을 수 없다.

위의 논리에 따르면 수신(修身)과 사친(事親)이 지인(知人)을 전제로 하며, 지인(知人)은 지천(知天)을 전제로 한다. 수신(修身)과 사친(事親)이 자기 자신과 부모에 대한 올바른 태도라면 결국 인간관계의 문제이다. 인간관계의 기본은 사람의 마음을 아는 것이고, 사람의 마음을 알려면 하늘의 이치를 알아야 한다.

동양의 사유체제에서는 인심(人心)과 천심(天心)이 별개의 것이 아니다. 인간관계의 기본이 하늘의 이치를 따른다는 것이 동양의 사고방식이다. 그리고 인간관계와 관련되는 하늘의 이치는 이성적인 사유와 반성을 통해 인간이 알 수 있는 영역이라고 보았고, 그 천리(天理)와 천명(天命)에 부응하는 삶을 사는 것이 중용의 삶이라고 보았다.

마음의 길, 삼덕(三德)

중용의 논리, 유가의 논리는 눈에 보이는 것, 구체적으로 드러난 것을 보고 실천으로 옮기는 것을 중시한다. 그러나 그 행동과 실천의 바탕은 마음이며 마음을 닦는 세 가지 길을 삼덕이라 보았다.

天下之達道五 所以行之者三 曰君臣也父子也夫婦也昆弟也朋友之交也
五者 天下之達道也 智仁勇三者 天下之達德也 所以行之者一也

천하에 소통해야 할 도가 다섯이고, 이를 행하는 바탕이 셋이다. 이른바 임금과
신하 사이의 소통과 부모와 아들 사이의 소통과 부부 사이의 소통과 세대 간의
소통과 친구 사이의 소통을 말한다. 이 다섯 가지 소통은 천하에 통용되는
도(道)이고 지혜와 공감과 용기는 천하에 통용되는 덕(德)이다. 그리고 이 삼덕의
바탕은 하나이니 성(誠)이다.

위의 번역은 각주를 참고하여 재구성해 본 것이다. 현실에서 구현해야 할 도로 제시한 다섯 가지는 모두가 인간과 인간 사이의 교류

를 올바로 행하는 데 초점을 두고 있다. 유가에서 말하는 이 오륜은 현대적인 의미로 해석하면 인간과 인간 사이의 소통을 의미한다. 정치가와 국민의 소통, 부모와 자식의 소통, 부부 사이의 소통, 선배와 후배의 소통, 친구 간의 소통이 그것이다. 그러나 이 소통의 주체는 바로 나이고, 올바른 소통을 위해 우선되어야 할 과제가 수신(修身)이었다. 이 수신에는 세 가지 길이 있으니 그것은 이 다섯 가지 소통을 아는 지혜와 이 다섯 가지 소통을 마음으로 느낄 줄 아는 공감과 이를 강화시켜 나가는 용기이다. 또한 이 삼덕, 즉 지(知), 인(仁), 용(勇)의 바탕은 하나인데 그것은 진실한 마음, 곧 성(誠)이다.

子曰 好學近乎知 力行近乎仁 知恥近乎勇

공자께서 말씀하셨다. "배움을 좋아하는 것은 지에 이르는 길이고 힘써 행하는 것은 인에 이르는 길이며 부끄러움을 아는 것은 용에 이르는 길이다."

공자는 세 가지 마음의 덕에 이르는 실천과제로 배움을 즐기는 것과 힘써 행하는 것과 부끄럼을 아는 것을 제시하였다. 주지하다시피 공자의 키워드는 학습의 즐거움을 아는 것이다. 우리가 무슨 일을 성취하려면 첫 번째로 전제되어야 하는 것이 앎이다. 지적인 깨달음이 없다면 소통과 변화는 시작 그 자체가 불가능한 것이다. 그리고 유가의 전 사상체계를 꿰뚫는 기본 원리는 합리적인 것이다. 알면 이를 힘써 행함으로써 몸에 익혀야 한다. 머리로만 아는 것이 아니라 가슴으로 알고 공감하는 능력이 곧 인(仁)이다. 중용에서 제시하는 어진 마음은 실천을 통해 얻어지는 것이다. 실천이 없는 인성교육은 헛된

구호에 지나지 않는다. 따뜻한 마음과 공감 능력은 실천을 통해서만 얻어질 수 있는 마음의 근력이다.

중용에서 말하는 용기는 이 따뜻한 마음과 올바른 마음을 잘 지켜나가는 것을 의미한다. 머리로 얻은 지혜와 가슴으로 체득한 사랑을 잘 지켜나가려면 부끄러움을 알아야 한다고 보았다. 부끄러움을 아는 지혜는 자신을 바로 보는 데서 출발해야 한다. 이는 다시 말하면 끊임없이 자신을 객관적으로 평가하는 태도가 필요하다. 부끄러움을 모르는 교만한 자세는 파멸에 이르는 가장 빠른 길이다. 교만과 지나친 자만은 자신을 제대로 보지 못한 지나친 용기에서 오는 것이다.

중용은 삼덕을 알고 느끼고 지키는 것을 수신의 기본으로 삼아 정치를 행해야 올바른 정치가 이루어진다고 보았다.

知斯三者則知所以修身 知所以修身則知所以治人
知所以治人則知所以治天下國家矣
이 세 가지 덕을 아는 것은 곧 수신의 이치를 아는 것이며, 수신의 이치를 아는
것은 곧 남을 다스리는 이치를 아는 것이며, 남을 다스리는 이치를 아는 것은 곧
천하 국가를 다스리는 이치를 아는 것이다.

진솔한 삶, 성(誠)

　중용의 삶을 한 글자로 요약하면 '성(誠)'이란 말로 요약된다. 중용에서 언급된 많은 덕목과 가치도 결국은 '성(誠)'으로 수렴된다.

凡爲天下國家 有九經 凡以行之者 一也

무릇 천하 국가를 다스리는 데는 아홉 가지 길이 있으나 이를 행하는 것은 하나다.

　천하 국가를 다스리는 데 필요한 아홉 가지 길은 수신(修身), 존현(尊賢), 친친(親親), 경대신(敬大臣), 체군신(體羣臣), 자서민(子庶民), 래백공(來百工), 유원인(柔遠人), 회제후(懷諸候)이다. 이 아홉 가지 방책은 당시의 현실과 정치체제로부터 귀납된 것이다. 그러나 이를 가능하게 하는 하나는 진솔한 마음, 곧 성(誠)으로 귀결된다.

誠者 天之道也 誠之者 人之道也 誠者 不勉而中 不思而得 從容中道 聖人也
誠之者 擇善而固執之者也

성(誠)은 하늘의 도이고 성(誠)하고자 하는 것은 사람의 도다. 성(誠)은 힘쓰지 않아도 바르며, 욕심내지 않아도 얻으며, 몸가짐을 자연스럽게 해도 올바르니 성인이다. 성하고자 함은 올바른 것을 택하여 치열하게 실천하는 것이다.

성(誠)은 하늘의 도이고, 성(誠)하고자 하는 것은 사람의 도(道)다. 그렇다면 성(誠)에 이르기 위해 우리는 어떻게 해야 하는가? 중용에 제시된 올바른 것을 선택하여 치열하게 실천해야 할 것은 무엇인가?

博學之 審問之 愼思之 明辯之 篤行之

이를 널리 배우며, 이를 살펴 물으며, 진지하게 사색하고, 분명하게 판단하여 독실하게 실천한다.

성(誠)에 이르는 길, 선을 굳게 지키는 길은 선(善), 즉 올바른 것을 널리 배우며 이를 탐색하여 바른 판단을 내려 도탑게 실천하는 것이다. 그야말로 정성을 기울여 생각하고 판단하여 군건히 실천하는 것이다. 진솔한 삶의 가장 큰 과제는 올바른 삶이고, 그 올바른 삶은 내 몸과 나 자신에 대하여 올바른 것이다. 무엇보다 나 자신에 대하여 진솔해야 한다.

在下位不獲乎上 民不可得而治矣 獲乎上有道 不信乎朋友 不獲乎上矣

信乎朋友有道 不順乎親 不信乎朋友矣 順乎親有道 反諸身不誠

不順乎親矣 誠身有道 不明乎善 不誠乎身矣

아래 자리에 있으면서 위의 신임을 얻지 못한다면 백성을 능히 얻어

다스리지 못 한다. 위의 믿음을 얻는데도 도가 있어서 친구의 믿음을 얻지 못하면

위의 믿음을 얻을 수 없다. 친구의 믿음을 얻는 데에도 도가 있어 부모의 뜻을

따르지 않으면 친구의 믿음을 얻을 수 없다.

부모의 뜻을 따름에도 도가 있어 자기 자신에 반(反)하여 진솔하지 않으면 부모의

뜻을 따를 수 없다. 자신에게 진솔함에도 도가 있어 올바름을 밝히지 않으면

자신에게 진솔할 수 없다.

위의 논리에 따르면 수직적인 인간관계이든 수평적인 인간관계이든 믿음을 얻는 길은 무엇보다 먼저 자기 자신에게 진솔해야 한다. 자신에게 진솔하기 위해 '올바른 마음(善)'의 등불을 밝혀야 한다.

'성(誠)'은 자신에게 정직한 삶의 태도요, 자신에게 진솔하다는 것은 자신에게 한 말(言)을 실천하는 것을 의미한다. 자신의 말을 실천하면 (成) 자기 자신에 대한 믿음(信)을 얻고, 남에게 한 말(言)을 실천하면 (成) 그 사람의 믿음(信)을 얻는다. 한 개인이든 사회이든 믿음을 쌓아나갈 때 우리는 확신을 갖고 미래에 도전할 수 있다. 또한 믿음은 미리미리 준비하는 성실한 삶의 태도를 통해 고양된다.

凡事 豫則立 不豫則廢 言前定則不跆 事前定則不困 行前定則不疚

道前定則不窮

무릇 일이 준비되면 바로 서고 준비되지 않으면 넘어진다. 말이 미리 정해지면

실수가 없고 일이 미리 준비되면 어려움이 없으며 행동이 미리 정해지면 잘못이

없고 도가 미리 정해지면 부족함이 없다.

생태계와 함께 하는 삶

중용의 삶은 생태계와 함께할 뿐만 아니라 적극적으로 참여하는 삶을 강조한다. 생태적 질서를 지키고 생태적 조화를 촉진하는 삶을 지향한다.

唯天下至誠 爲能盡其性 能盡其性則能盡人之性 能盡人之性則能盡物之性

能盡物之性則可以贊天地之化育 可以贊天地之化育則可以與天地參矣

오직 천하의 지극한 정성이 그 타고난 성(性)을 능히 발휘할 있다.

그 타고난 성(性)을 발휘할 수 있으면 남의 성(性)을 촉진시킬 수 있다.

사람의 성(性)을 촉진시킬 수 있으면 사물의 본성을 촉진시킨다.

사물의 본성을 촉진시킬 수 있으면 천지의 변화와 성장을 도울 수 있다.

천지의 변화와 성장을 도울 수 있으면 천지와 함께할 수 있다.

유가의 사유체계는 인간이 세계를 지배하고 이용한다기보다는 생태계를 이해하고 생태계의 변화와 성장을 도울 수 있는 조력자, 촉진자가 되어야 한다. 인간의 성(性)과 변화하고 성장하는 생물의 성(性)이 진솔한 태도로 정성을 다하면 교감이 가능하다고 말하고 있다. 성(性)이 천명(天命)을 뜻하고 하늘의 섭리가 모든 생명에 작용한다면, 생태계는 하늘의 뜻에 의해 움직여지는 합리적인 질서와 조화의 체계라고 말할 수 있다. 동양의 세계는 이 자연과의 교감과 공존을 중시한다. 이 자연과의 교감을 위해 요구되는 인간의 태도가 정성(誠)이다.

其次致曲 曲能有誠 誠則形 形則著 著則明 明則動 動則變 變則化
唯天下至誠爲能化

그 다음은 간절함이니 간절하면 정성을 다하게 된다. 정성을 기울이면 이루어지고 이루어지면 나타나고 나타나면 깨닫는다. 깨달으면 움직이고 움직이면 변하고 변하면 화합한다. 오직 천하의 지극한 정성만이 능히 화합한다.

이 생태계는 변화한다. 변화하는 존재가 살아남고 생태계와 조화를 이룬다. 인간이 생태계와 조화를 이루는 길은 진솔한 마음과 간절한 마음으로 정성을 다해야 한다. 정성을 다하는 삶의 태도는 깨달음을 얻고, 그 깨달음은 변화의 동기와 추진력이 된다. 변화는 물리적인 변화와 화학적 변화를 포괄한다. 인간의 변화에 적용한다면 외모의 변화뿐만 아니라 정신의 변화까지 함께 포괄한다.

이 정성을 다하는 진솔한 삶의 태도는 인간의 변화뿐만 아니라 사물에 대한 예지와 하늘의 섭리를 보는 지혜를 가져온다.

至誠之道可以前知 國家將興必有禎祥 國家將亡必有妖孽 見乎蓍龜

動乎四體 禍福將至 善必先知之 不善必先知之 故至誠如神

지극한 정성을 기울이며 가는 길은 미리 알 수 있다. 국가가 장차 흥함에는
반드시 상서로운 징조가 있고, 국가가 장차 망함에는 변고가 나타난다. 시초와
거북에 나타나고 사체(四體)에 나타난다. 화(禍)와 복(福)이 장차 다가옴에
반드시 올바름을 먼저 알고, 올바르지 않음을 먼저 안다. 그러므로 지극한 정성은
신(神)과 같다.

우리는 어떤 일을 함에 있어 사태의 추이와 방향을 바로 파악해야
한다. 시초와 거북의 등을 살피는 일은 고대의 관행이고 오늘의 시대
에 걸맞게 해석한다면 사태의 추이와 실체를 꼼꼼하게 살피라는 말이
된다. 주석에 따르면 지극한 정성은 조그마한 사심이나 거짓이 없으
므로 올바른 마음의 눈으로 사물의 구조를 성찰할 수 있다고 보았다.

우리가 제대로 사물의 구조와 변화를 읽게 되면 사전에 알고 미리
준비할 수 있다. 사전에 알고 준비하면 우리는 제대로 된 살기 좋은
세상을 열 수 있다. 사전에 예측하고 준비하는 지혜는 비단 인간 세상
뿐만 아니라 생태계와의 조화를 이루어 나가는 데에도 필요하다. 아
울러 이와 같은 예측의 지혜는 정성을 다하는 생활 태도, 성실한 생
활 태도에서 비롯된다.

섭리를 따르는 삶, 성(誠)

중용의 삶은 하늘의 섭리를 따르는 합리적인 삶을 의미한다. 따라서 세상이 하늘의 명령에 따라 스스로 올바르게 움직여져야 한다는 믿음이 내재되어 있다.

誠者 自成也 而道 自道也
성(誠)은 스스로 이루어지는 것이고. 도(道)는 스스로 움직이는 것이다.

주석에 따르면 성(誠)은 마음으로 말하는 것이 기본이고, 도(道)는 이치에 맞게 말함으로써 소통하는 것을 의미한다. 한마디로 줄이면 이치에 맞게 진심으로 말하고 소통하는 것이 세상을 올바로 사는 길이며, 세상을 바르게 하는 길이다. 하늘의 뜻은 섭리와 같아서 우주 만물의 자연스러운 질서와 소통함을 전제로 한다.

誠者物之終始 不誠無物 是故君子誠之爲貴

성(誠)은 사물의 처음과 끝이다. 성하지 않으면 물(物)도 없다. 이런 까닭에 군자는
성(誠)하는 것을 귀하게 여긴다.

사물의 성패는 섭리를 따르는 진솔한 자세에 의해 결정된다. 따라서 지성인이 갖추어야 할 첫 번째 자세는 진솔한 것이요, 하늘의 명령과 마음의 소리에 귀 기울이는 것이다. 진솔한 자세는 자아의 완성에 그치는 것이 아니라 인간을 둘러싸고 있는 세상을 바르게 운용하는 길이기도 하다.

誠者 非自成己而已也 所以成物也 成己仁也 成物知也 性之德也
合內外之道也 故時措之宜也

성(誠)은 스스로 자기를 이룰 뿐만 아니라 물을 완성시키는 것이다.
자기를 이루는 것은 인(仁)이고 사물을 이루는 것은 지(知)이다.
이것이 천명의 덕이며 내외가 합하는 도이다. 이런 까닭에 때에 맞게
올바름을 얻는다.

주석에 따르면 자기를 이루는 성(誠)은 몸에 쌓는 덕이요, 몸으로 나타나는 체험과 변화이다. 반면 사물을 이루는 성(誠)은 사물의 움직임과 쓰임으로 표현되며 인간이 알 수 있는 영역이다. 성(性)의 덕이란 결국 천명에 충실한 삶을 의미한다. 결국 성(誠)이란 하늘의 섭리에 충실한 삶이요, 이치에 맞는 합당한 삶을 의미한다. 이 섭리를 따르는 삶은 곧 우주의 높고 큰 세상과 그 맥을 같이 한다.

故至誠無息 不息則久 久則徵 徵則悠遠 悠遠則博厚 博厚則高明
博厚所以載物也 高明所以覆物也 悠久所以成物也 博厚配地 高明配天
悠久無疆 如此者 不見而章 不動而變 無爲而成

그러므로 지극한 정성은 쉼이 없고, 쉼이 없으니 오래 가고, 오래 지속되기 때문에
드러난다.
드러나 유원(悠遠)하고, 유원하니 박후(博厚)하며, 박후하니 고명(高明)하다.
박후는 사물을 담는 바탕이며, 고명은 사물을 비추고, 유구(悠久)는 사물을
이루는 것이다.
박후는 땅과 짝하고, 고명은 하늘과 어울리며, 유구는 끝이 없다.
이와 같이 우주는 보이지 않으나 성장하고, 움직이지 않으나 변화하고
행하지 않으나 이룬다.

우주의 넓고 큰 세상은 지극한 정성에서 발원하여 다양한 순환의
과정을 거쳐 무궁무진한 세계를 열어 나간다. 유가의 사상은 하늘의
섭리를 따르는 합리성이 우주 생성의 원리이자 우주의 질서를 규정하
는 법칙이라 보았다. 따라서 하늘의 섭리를 따르는 삶, 하늘의 섭리를
구현하는 삶이 진솔한 삶의 바른길이라고 보았다. 또한 그와 같은
삶은 우리가 사는 생태계와 조화를 이루며 살아가는 길이기도 하다.

중용(中庸)의 처세술

　　중용(中庸)의 처세술은 행동과 말을 통하여 나를 지키는 것을 기본
으로 한다. 나를 지킨다는 것은 내 몸을 안전하게 보전한다는 의미도
있지만 이것은 소극적인 의미이고, 중용에서 강조하는 것은 내가 남과
더불어 살아가는 이 세상을 지속 가능하게 지킨다는 사회적 의미가
강하다.

　　　　是故居上不驕 爲下不倍 國有道 其言足以興 國無道 其默足以容
　　　　　　　詩曰旣明且哲 以保其身 其此之謂與
　　이러한 까닭에 위에 있을 때 교만하지 않으며 아래에서 행할 때 배신하지
　　아니한다. 나라에 도(道)가 있을 때 그 말을 충실히 하여 흥하게 하고, 나라에
　　도(道)가 없을 때 그 침묵에 충실하여 몸을 보존하라. 시(詩)에 이르기를 "이미
　　　　밝고 지혜로워 그 몸을 지킨다"한 것이 이를 이름이다.

나라에 법도가 있어 소통이 가능하다면 적극적으로 말해서 우리가 사는 세상을 발전시키는 것이 올바른 군자의 길이다. 그러나 나라에 법도가 없고 소통이 불가능하다면 침묵 또한 중요한 표현 방법의 하나이다. 말이 소통되지 않는 법도가 없는 세상에 나의 주장이 또 하나의 분란의 원인이 되는 것보다는 침묵이 현명한 처세의 한 방법이 될 때가 있다. 이는 나아갈 때와 물러날 때, 말할 때와 침묵할 때를 가려서 행하라는 말이 된다. 그렇다면 나아갈 때와 물러날 때의 판단 기준은 어디에 두어야 하는가? 그것은 무엇보다 먼저 자신에 대한 객관적인 성찰을 필요로 한다.

子曰 愚而好自用 賤而好自專 生乎今之世 反古之道 如此者災及其身者也
공자께서 말씀하셨다. "어리석으면서도 자기 뜻대로 하기를 좋아하고, 천하면서도 자기 멋대로 하기를 좋아한다. 오늘날의 세상에 살면서 옛날의 도를 무시하면 이와 같은 자는 재앙이 그 몸에 미친다."

우리에게 닥치는 재앙은 첫 번째는 자신의 처세가 잘못된 데서 오는 것이요, 두 번째는 시대에 맞지 않는 법도를 내세우는 데 있다. 첫 번째 과제는 자신에 대해 냉정한 객관적인 평가가 이루어져야 한다. 자신의 지적 위치와 경제적 사회적 위치를 판단하여 나아가고 물러서야 한다. 자신의 지혜가 부족하다면 현인의 목소리에 귀 기울이는 태도가 필요하다. 자신의 힘이 부족하다면 힘이 있는 사람과 함께 일을 추진하는 태도도 필요하다.

두 번째 준거는 오늘날의 세상에 맞지 않는 옛날의 법도를 고집하거나 돌아가려 해서는 안 된다. 오늘날의 세상에 맞는 제도와 법은 그것이 현실에서 입증되고 실천될 때 분명한 것이 될 수 있다.

子曰 吾說夏禮 杞不足徵也 吾學殷禮 有宋存焉 吾學周禮 今用之 吾從周
공자께서 말씀하셨다. "내가 하례를 말하나 기(杞) 나라가 능히 입증하지 못하였고 은례를 배웠으나 송나라가 있어 입증했느냐?(입증하지 못 했다) 내가 주례를 배웠고 지금 이를 사용하고 있으므로 나는 주례를 따르겠다."

공자의 이와 같은 태도는 분명한 것과 입증 가능한 것을 토대로 처신하는 것이 나 자신을 온전히 보전하는 길이며 동시에 나의 삶의 기반이 되는 공동체를 보전하고 발전시키는 길임을 보여준다. 따라서 유가의 처세술을 진솔한 마음을 존중하는 것을 기본으로 하면서 입증 가능한 과학적 경험을 토대로 해야 함에 방점을 두고 있다.

故 君子 尊德性而道問學 致廣大而盡精微 極高明而道中庸 溫故而知新
敦厚以崇禮
그러므로 군자는 덕성을 존중하고 묻고 배움을 실천하여 광대함에 나아가고 동시에 정미함에 이르러야 한다. 높고 밝은 것에 충실하고 중용의 길을 가며 옛것을 익혀 새것을 발견하고 이를 돈독히 함으로써 예를 숭상한다.

중용의 처세술은 올바른 마음을 토대로 묻고 배움으로써 광대함과 동시에 학문적 치밀함을 지향한다. 옛것을 몸에 익힘은 단순히 답습하기 위함이 아니라 새것을 발견하기 위함이며, 새것이 하나의 규범으로써 지켜지려면 이를 돈독히 하여야 한다. 따라서 유가의 처세술은 진솔한 마음, 즉 성(誠)을 기본으로 하면서 유연한 적용과 실천을 강조하는 실용주의를 지향한다.

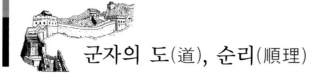

군자의 도(道), 순리(順理)

중용에서 지향하는 인간의 삶은 군자의 도로 표현된다. 군자의 도로
표현되는 인간의 삶은 순리를 따르는 삶이라고 말할 수 있다.

故 君子之道 本諸身 徵諸庶民 考諸三王而不謬 建諸天地而不悖
質諸鬼神而無疑 百世以俟聖人而不惑
그러므로 군자의 도는 자신에 뿌리를 두고 서민에게 실천으로 보여주며 삼왕의
제도를 살펴보아 오류가 없다.
천지에 참여하여 어그러짐이 없고 귀신에게 물어보아도 의심나는 점이 없으며
백세 이후의 성인을 기다릴지라도 흔들림이 없다.

순리를 따르는 삶은 자기 자신에 뿌리를 두어야 한다. 무엇보다
먼저 자신의 마음의 소리를 제대로 듣는 데서 출발해야 한다. 진정한
자신의 소리를 듣는 사람이 분명한 자기 정체성을 바탕으로 이 세상

을 향해 나아갈 수 있다. 이웃 사랑을 실천으로 보여주려면 가장 중요한 요소가 자발성이다. 스스로 사랑을 실천해야 한다. 제도적으로 볼 때 공동체의 순리는 과거의 제도와 견주어 보았을 때 오류가 없어야 하며 현실에 적용해 보았을 때 어그러짐이 없어야 한다. 그리고 하늘의 섭리와 긴 역사에 비추어 볼 때 의심나거나 흔들림이 없는 당당함이 순리를 따르는 삶이다. 순리를 따르는 삶, 중용의 삶은 적당히 사는 것이 아니라 삶의 핵심을 놓치지 않는 치열한 삶을 의미한다. 중용의 삶은 삶의 무게 중심을 잃지 않는 삶이다. 중용의 삶은 인생의 파고 속에서 삶의 키를 제대로 잡고 나아가는 것이다.

순리를 따르는 삶을 살기 위해 요구되는 군자의 첫 번째 요건은 하늘과 사람을 아는 지혜라고 말할 수 있다.

質諸鬼神而無疑 知天也 百世以俟聖人而不惑 知人也
귀신에게 물어도 의심할 바가 없음은 하늘을 아는 것이요. 백세 동안 성인을
기다려도 흔들림이 없음은 사람을 아는 것이다.

지천(知天)과 지인(知人)은 사물의 이치를 아는 것이다. 자연의 이치와 인간의 마음을 보고 듣고 느끼고 아는 것이 순리를 따르는 삶의 기본이다. 제대로 알아야 올바른 목표와 방향을 설정할 수 있다.

군자의 두 번째 요건은 정성을 다하는 삶의 태도이다. 유가에서는 정성(誠)이 없다면 그 어떤 결과도 기대할 수 없음을 수 없이 강조하고 있다. 정성을 다하는 태도는 오늘날의 용어로 말한다면 자신의 책임을 다하는 자세와 같다.

唯天下至誠 爲能經綸天下之大經 立天下之大本
知天地之化育 夫焉有所倚
오직 천하의 지극한 정성이 천하의 큰길을 밝혀 열어갈 수 있으며, 천하의 기본을 세우고 천지의 변화와 성장을 알 수 있다. 어찌 남에게 의존할 바가 있겠는가?

스스로 서는 가장 큰길은 정성을 다해 자신의 책임을 다하는 것이다. 스스로 책임을 다할 때 우리의 정체성도 분명해진다. 내가 스스로 서지 못할 때 남에게 의존하게 된다.

유가의 덕(德)은 자신의 책임을 다하는 데서 비롯된다. 자신이 해야 할 본분과 책임을 묵묵히 다할 때, 경험이 축적되고 그 경험의 축적이 경륜이 되는 것이다.

또한 사회적 존재로서 인간의 공동체에 대한 기본적 책임은 사랑과 소통이다. 우리의 공동체를 존속시키고 발전시켜 나가는 또 하나의 덕(德)은 사랑과 소통의 책임을 다하는 것이다.

유가에서는 군자가 이와 같이 덕(德)을 쌓아 나갈 때 상벌로 통제하지 않아도 순리에 따라 자신과 공동체를 행복하게 만들 수 있다고 보았다.

詩曰 奏假無言 時靡有爭 是故 君子 不賞而民勸 不怒而民威於鈇鉞

시에 이르기를 "나아가 제사함에 거짓으로 말하지 않으니 그 때에 다툼이
일어나지 않는다." 이런 까닭에 군자가 상을 내리지 않아도 백성이 서로 격려하고
노하지 않아도 백성들이 도끼보다 두려워한다.

•

詩曰 不顯惟德 百辟其刑之 是故 君子 篤恭而天下平

시에 이르기를 "덕을 드러내지 않았으나 백 명의 제후가 이것을 법으로
만들었도다." 이런 까닭에 군자가 덕을 돈독히 함으로써 천하가 태평하다.